Wein aus Harlem

Gedichte
englisch – deutsch
von

Countee Cullen
Georgia Douglas Johnson
Langston Hughes
Claude McKay

ausgewählt, übersetzt
und mit Erläuterungen versehen von

Frank Freimuth

tredition

© 2018 Frank Freimuth (für Übersetzung und Erläuterungen)

Verlag & Druck:
tredition GmbH, Halenreie 40-44, 22359 Hamburg

ISBN
Paperback   978-3-7469-4842-3
Hardcover   978-3-7469-4843-0
e-Book   978-3-7469-4844-7

Erster Teil:
Gedichte

Zweiter Teil:
Erläuterungen

Erster Teil:
Gedichte

Countee Cullen (1903 – 1946)

HARLEM WINE

This is not water running here,
These thick rebellious streams
That hurtle flesh and bone past fear
Down alleyways of dreams.

This is a wine that must flow on
Not caring how or where
So it has ways to flow upon
Where song is in the air.

So it can woo an artful flute
With loose elastic lips
Its measurements of joy compute
With blithe, ecstatic hips.

WEIN AUS HARLEM

Es ist nicht Wasser, was hier tobt,
in dicken, rebellischen Schäumen,
und Körper über die Furcht hinaus
treibt durch die Straßen aus Träumen,

Es ist ein Wein, der fließt mit Drang,
der wahllos jeden Ort umspült,
und der auch strömt, wo ein Gesang
mit einem Lied die Luft erfüllt,

Der eine Flöte kunstvoll küsst
mit anschmiegsamen Lippen,
und ihren Freudentakt vermisst
mit Tanz und trunkenem Wippen

INCIDENT

Once riding in old Baltimore,
Heart-filled, head-filled with glee,
I saw a Baltimorean
Keep looking straight at me.

Now I was eight and very small,
And he was no whit bigger,
And so I smiled, but he poked out
His tongue, and called me, 'Nigger.'

I saw the whole of Baltimore
From May until December;
Of all the things that happened there
That's all that I remember.

VORFALL

Ich radelte in Baltimore,
das Herz, der Kopf voll Freude,
als dieser Kerl, er war von dort,
zu starren sich nicht scheute.

Ich war erst acht und ziemlich klein
und er war auch nicht flügger,
so grinste ich, doch er schob nur
die Zunge raus und sagte: „Nigger".

Von Mai bis zum Dezember
besuchte ich ganz Baltimore.
Dies ist von dem, was ich dort sah,
was mein Gedächtnis nicht verlor.

TABLEAU

Locked arm in arm they cross the way
The black boy and the white,
The golden splendor of the day
The sable pride of night.

From lowered blinds the dark folk stare
And here the fair folk talk,
Indignant that these two should dare
In unison to walk.

Oblivious to look and word
They pass, and see no wonder
That lightning brilliant as a sword
Should blaze the path of thunder.

SZENERIE

Sie kreuzen Arm in Arm den Weg,
der schwarze Junge und der weiße,
der Tag in seiner goldenen Pracht,
und neben ihm der Stolz der Nacht.

Die Schwarzen starren durch Markisen
und Weiße schmähen was sie sehen,
zutiefst entrüstet, dass die beiden
es wagen, hier vereint zu gehen.

Zu sehr entrückt für Blick und Wort
gehen sie den Weg, ganz davon frei,
dass Blitzschlag, heller als ein Schwert,
ihm donnernd die Erleuchtung sei.

SATURDAY'S CHILD

Some are teethed on a silver spoon,
With the stars strung for a rattle;
I cut my teeth as the black racoon--
For implements of battle.

Some are swaddled in silk and down,
And heralded by a star;
They swathed my limbs in a sackcloth gown
On a night that was black as tar.

For some, godfather and goddame
The opulent fairies be;
Dame Poverty gave me my name,
And Pain godfathered me.

For I was born on Saturday--
"Bad time for planting a seed,"
Was all my father had to say,
And, "One mouth more to feed."

Death cut the strings that gave me life,
And handed me to Sorrow,
The only kind of middle wife
My folks could beg or borrow.

SAMSTAGSKIND

Manch einer zahnt mit Silberlöffel,
als Rassel Stern auf Stern gereiht
ich tue, was der Waschbär tut,
schneid mir die Zähne für den Streit.

In Seide wickelt man so manchen
und Sterne ziehen vor ihm her,
mich schlugen sie in grobes Leinen
in einer Nacht so schwarz wie Teer.

Die reichen Paten stehen gerne
so manchem bei als edle Feen,
die Patin Armut gab mir Namen,
als Pate war der Schmerz zu sehen.

Zu mir, als Samstagskind geboren,
„ein schlechter Tag zum Topfen",
war was mein Vater sagte, und:
„ein Mund noch mehr zu stopfen".

Der Tod zerschnitt die Lebensschnur
und gab mich an die Sorgen,
die Meinen konnten niemand sonst
erbetteln oder borgen.

SONG IN SPITE OF MYSELF

Never love with all your heart,
It only ends in aching;
And bit by bit to the smallest part
That organ will be breaking.

Never love with all your mind,
It only ends in fretting;
In musing on sweet joys behind,
too poignant for forgetting.

Never love with all your soul,
for such there is no ending;
though a mind that frets may find control,
and a shattered heart find mending.

Give but a grain of the heart's rich seed,
Confine some undercover,
And when love goes, bid him God-speed,
and find another lover.

Ein Lied, das mir gerade so einfällt

Verlieb dich nie mit ganzem Herzen
dies endet nur im Schmerz,
und Stück für Stück, bis nichts mehr ist,
zerbricht dir dann dein Herz.

Gib niemals einer nur dein Sinnen,
dies endet nur in Ärger,
im Grübeln nach den schönen Dingen
und macht die Qual nur stärker.

Und liebe nicht mit ganzer Seele,
denn du wirst dann kein Land erblicken;
der Sinn mag noch Beherrschung finden,
zerbrochene Herzen kann man flicken.

Gib nur ein Korn der Herzenssaat
und halte einen Teil zurück;
geht dann die Liebe, sag leb wohl,
und finde dir ein neues Glück.

FROM THE DARK TOWER

We shall not always plant while others reap
The golden increment of bursting fruit,
Not always countenance, abject and mute,
That lesser men should hold their brothers cheap;
Not everlastingly while others sleep
Shall we beguile their limbs with mellow flute,
Not always bend to some more subtle brute;
We were not made to eternally weep.
The night whose sable breast relieves the stark,
White stars is no less lovely being dark,
And there are buds that cannot bloom at all
In light, but crumple, piteous, and fall;
So in the dark we hide the heart that bleeds,
And wait, and tend our agonizing seeds.

VOM DUNKLEN TURM

Lasst uns nicht pflanzen, was die anderen schneiden,
die goldene Pracht an berstend reifen Früchten,
nicht gut es heißen und das Streiten fürchten,
wenn Mindere auf hohen Rössern reiten.
Wir werden nicht, wenn sie der Ruhe pflegen
sie sanft mit Flötenton bestricken,
wir wollen nicht die Knie vor Willkür knicken,
wir werden nicht auf ewig Kummer hegen.
Die Nacht, den Stern zu schönen stets bereit,
verliert die Schönheit nicht aus Dunkelheit,
und es gibt Knospen, denen helles Licht
die Blüten dörrt und herzzerreißend bricht.
Im Dunkel hüten wir das wunde Herz daheim
und pflegen wartend den gequälten Keim.

THE WISE

Dead men are wisest, for they know
How far the roots of flowers go,
How long a seed must rot to grow.

Dead men alone bear frost and rain
On throbless heart and heatless brain,
And feel no stir of joy or pain.

Dead men alone are satiate;
They sleep and dream and have no weight,
To curb their rest, of love or hate.

Strange, men should flee their company,
Or think me strange who long to be
Wrapped in their cool immunity.

DIE WEISEN

Die Toten sind weise, denn sie wissen,
wie tief die Wurzeln Erde küssen,
wie lang die Saat braucht, um zu sprießen.

Nur Tote dulden Frost und Regen
wo Herz und Kopf so still gelegen
und weder Freud noch Leid begegnen.

Nur Tote sind befreit vom Hungerleiden,
dürfen schlafen, träumen und gewichtlos bleiben,
dass Hass und Liebe nicht die Rast beschneiden.

Die Menschen, seltsam, würden sie gern meiden
und finden seltsam, dass mich drängt zu bleiben,
mich kühl in ihre Freiheit einzukleiden.

In Memory of Colonel Charles Young

Along the shore the tall thin grass
That fringes that dark river,
While sinuously soft feet pass
Beings to bleed and quiver.

The great dark voice breaks with a sob
Across the womb of night;
Above your grave the tom-toms throb
And the hills are weird with light.

The great dark beast is like a well
Drained bitter by the sky,
And all the honeyed lies they tell
Come there to thirst and die.

No lie is strong enough to kill
The roots that work below,
From your rich dust and slaughtered will
A tree with tongues shall grow.

IM GEDENKEN AN COLONEL CHARLES YOUNG

Entlang des Ufers dünne Gräser,
gereckt den dunklen Fluss umflitternd,
geschmeidige Füße ziehen vorbei
an Wesen, bald blutend und zitternd.

Die große, dunkle Stimme bricht
und schluchzt im Schoße der Nacht,
über dem Grabe dröhnt das Tamtam
um Hügel, fremd in Lichterpracht.

So wie ein Brunnen, das dunkle Tier,
gedörrt und bitter vom Licht,
und all die süßen Lügen kommen her
zu dürsten, bis ihr Leben bricht.

Nicht eine Lüge kann die Wurzeln morden
die unsichtbar ihr Werk vollziehen,
auf reichem Staub, erstickten Worten
wird bald ein Baum mit Zungen blühen.

FOR A FOOL

On earth the wise man makes the rules,
And is the fool's adviser,
But here the wise are as the fools,
(And no man is the wiser).

FOR ONE WHO GAILY SOWED HIS OATS

My days were a thing for me to live,
For others to deplore;
I took of life all it could give;
Rind, inner fruit, and core.

FOR A SINGER

Death clogged this flute
at its highest note;
Song sleeps here mute
in this breathless throat.

FÜR EINEN NARREN

Der Weise lenkt den ird'schen Karren
und gibt dem armen Narren Rat,
doch hier sind Weise wie die Narren,
(den gibt's nicht, der mehr Weisheit hat).

FÜR EINEN, DER SICH FRÖHLICH DIE HÖRNER ABSTIEß

Die Tage waren da zum Leben
für mich, doch andere klagten gern,
ich nahm, was Leben konnte geben:
die Schale, Frucht und auch den Kern.

FÜR EINEN SÄNGER

Der Tod nahm der Flöte
ganz oben die Seele;
Das Lied schläft hier still
in der luftlosen Kehle

FOR A VIRGIN

For forty years I shunned the lust
Inherent in my clay;
Death only was so amorous
I let him have his way.

FOR A LOVELY LADY

A creature slender as a reed,
And sad-eyed as a doe
Lies here (but take my word for it,
And do not pry below).

FOR AN ATHEIST

Mountains cover me like rain,
Billows whirl and rise;
Hide me from the stabbing pain
In His reproachful eyes.

FÜR EINE JUNGFRAU

Vierzig Jahr mied ich die Lust,
die meinen Staub bewohnte;
der Tod nur war so amourös,
dass sich die Liebe lohnte.

FÜR EINE BEZAUBERNDE FRAU

Ein Wesen, traurig blickend wie ein Reh
und schlank wie eine Gerte,
liegt hier (und bitte, glaube mir
und such nicht in der Erde)

FÜR EINEN ATHEISTEN

Die Berge decken mich wie Regen,
Nebelschwaden, sirupdick,
schützen vor den schlimmen Schmerzen
in Seinem vorwurfsvollen Blick

FOR A MAGICIAN

I whose magic could explore
Ways others might not guess or see,
Now am barred behind a door
That has no "Open Sesame".

FOR A PHILOSOPHER

Here lies one who tried to solve
The riddle of being and breath:
The wee blind mole that gnaws his bones
Tells him the answer is death.

FOR A FATALIST

Life ushers some as heirs-elect
To weather wind and gale;
Here lies a man whose ships were wrecked
Ere he could hoist a sail.

FÜR EINEN ZAUBERER

Der ich stets magisch Wege fand,
dem Rest verschlossen, nicht ersichtlich,
stehe nun vor einer Wand
ganz ohne Sesam-öffne-dich

FÜR EINEN PHILOSOPHEN

Hier liegt, der sich zu lösen erbot
das Rätsel von Atem und Sein:
der blinde Maulwurf, nagend am Bein,
sagt ihm, die Antwort ist Tod.

FÜR EINEN FATALISTEN

Das Leben wählt so manche,
die Sturm ertragen müssen;
hier liegt ein Mann, dem brach das Schiff
noch vor dem Segelhissen.

FOR MYSELF

What's in this grave is worth your tear;
There's more than the eye can see;
Folly and Pride and Love lie here
Buried alive with me.

FOR MY GRANDMOTHER

This lovely flower fell to seed;
Work gently sun and rain;
She held it as her dying creed
That she would grow again.

FOR JOHN KEATS, APOSTLE OF BEAUTY

Not writ in water nor in mist,
Sweet lyric throat, thy name.
Thy singing lips that cold death kissed
Have seared his own with flame.

FÜR MICH

Das, was hier liegt, ist deine Tränen wert
und es ist mehr, als deine Augen sehen;
Torheit und Stolz sind erdbeschwert,
und Liebe musste lebend mit mir gehen.

FÜR MEINE GROßMUTTER

Die schöne Blume ist nun Saat
Macht sanft, du Sonne und du Regen,
Sie hielt sie fest, als Tod sie bat,
als Wunsch zu neuem Leben.

FÜR JOHN KEATS, APOSTEL DER SCHÖNHEIT

In Wasser nicht und nicht in Dunst gemalt,
du lyrisch-süße Kehle, ist dein Name.
Die Lippen, singend und so kalt geküsst,
versengten Todes Lippen durch die Flamme.

FOR PAUL LAURENCE DUNBAR

Born of the sorrowful of heart
Mirth was a crown upon his head;
Pride kept his twisted lips apart
In jest, to hide a heart that bled.

FÜR PAUL LAURENCE DUNBAR

Geboren aus dem Sorgenteil des Herzens
war ihm das Haupt mit Heiterkeit bedeckt
Der Stolz hielt seine Lippen scherzhaft offen,
hielt so sein wundes Herz versteckt.

What is Africa to me:
Copper sun or scarlet sea,
Jungle star or jungle track,
Strong bronzed men, or regal black
Women from whose loins I sprang
When the birds of Eden sang?
One three centuries removed
From the scenes his fathers loved,
Spicy grove, cinnamon tree,
What is Africa to me?

ERBE

Was kann Afrika mir sein:
Kupfersonne, Meer wie Wein,
Stern des Dschungels, Dschungelpfade,
Bronzemänner, prächtig schwarze
Frauen, denen wir entsprangen,
als in Eden Vögel sangen?
Drei Jahrhunderte entlegen
was den Ahnen Glück gegeben,
Baum des Zimts, der Duft im Hain,
was kann Afrika mir sein?

So I lie, who all day long
Want no sound except the song
Sung by wild barbaric birds
Goading massive jungle herds,
Juggernauts of flesh that pass
Trampling tall defiant grass
Where young forest lovers lie,
Plighting troth beneath the sky.
So I lie, who always hear,
Though I cram against my ear
Both my thumbs, and keep them there,
Great drums throbbing through the air.
So I lie, whose fount of pride,
Dear distress, and joy allied,
Is my somber flesh and skin,
With the dark blood dammed within
Like great pulsing tides of wine
That, I fear, must burst the fine
Channels of the chafing net
Where they surge and foam and fret.

Liegend harr ich, tageslang,
wünsche nichts als den Gesang
gnadenloser wilder Vögel,
treibend große Dschungelherden,
Fleischkolosse, die fürbass
trampeln durch das spröde Gras,
dort, wo Liebespaare liegen,
Treue sich im Schwur besiegeln.
Liegend harre ich, muss hören
große Trommeln weithin dröhnen,
trotz der Daumen, die die Ohren
pressen und sich in sie bohren.
Liegend harre ich, dem Freude,
Stolz und Sorge um die Meute
quillt aus Dunklem, Fleisch und Haut,
dort wo dunkles Blut, gestaut,
so wie Wein, in mir pulsierend,
droht, so fürchte ich, zu sprengen
feine Maschen in dem Netz
durch sein Branden, Schäumen, Drängen.

Africa? A book one thumbs
Listlessly, till slumber comes.
Unremembered are her bats
Circling through the night, her cats
Crouching in the river reeds,
Stalking gentle flesh that feeds
By the river brink; no more
Does the bugle-throated roar
Cry that monarch claws have leapt
From the scabbards where they slept.
Silver snakes that once a year
Doff the lovely coats you wear,
Seek no covert in your fear
Lest a mortal eye should see;
What's your nakedness to me?
Here no leprous flowers rear
Fierce corollas in the air;
Here no bodies sleek and wet,
Dripping mingled rain and sweat,
Tread the savage measures of
Jungle boys and girls in love.
What is last year's snow to me,
Last year's anything? The tree
Budding yearly must forget
How its past arose or set
Bough and blossom, flower, fruit,
Even what shy bird with mute
Wonder at her travail there,
Meekly labored in its hair.

Afrika? Ein Buch zu blättern
lustlos, bis der Schlummer kommt.
Fledermäuse, aus dem Sinnen,
kreisend einst mit dunklen Schwingen,
Katzen, tief im Schilfe kauernd
nahrhaft-weiches Fleisch belauernd,
wo die Wasser Land umspülen;
aus das horngetönte Brüllen,
kündend von der Klauen Prangen,
wenn sie aus den Scheiden sprangen.
Schlangen, lassend Jahr für Jahr
Kleidung, welche Hülle war;
Kusche nicht, weil dir gewahr
Augen nähmen dich in Schein;
Kann die Blöße wichtig sein?
Fleckenblumen recken nicht
wilde Kronen in die Sicht,
Keine Leiber, feucht und glatt,
treten schwitzend, regensatt,
wilde Takte, wie sie spielen
Dschungelpaare, die sich lieben.
Alter Schnee, was kann er sein?
altes irgendwas? Der Baum,
jährlich knospend, muss vergessen
wie er wurde, hat besessen -
Äste, Triebe, Blüten, Frucht,
selbst den Vogel, scheu und still,
staunend über den Betrieb,
der im Schopfe sanft geschieht.

One three centuries removed
From the scenes his fathers loved,
Spicy grove, cinnamon tree,
What is Africa to me?

Drei Jahrhunderte entlegen
was den Ahnen Glück gegeben,
Baum des Zimts, der Duft im Hain,
was kann Afrika mir sein?

So I lie, who find no peace
Night or day, no slight release
From the unremittent beat
Made by cruel padded feet
Walking through my body's street.
Up and down they go, and back,
Treading out a jungle track.
So I lie, who never quite
Safely sleep from rain at night--
I can never rest at all
When the rain begins to fall;
Like a soul gone mad with pain
I must match its weird refrain;
Ever must I twist and squirm,
Writhing like a baited worm,
While its primal measures drip
Through my body, crying, "Strip!
Doff this new exuberance.
Come and dance the Lover's Dance!"
In an old remembered way
Rain works on me night and day.

Liegend harr ich, ruhelos,
Nacht wie Tag, ich höre bloß
Trommeln ohne Unterlass
grober Füße ohne Maß
auf dem Weg durch meinen Leib.
Auf und ab und wieder auf
durch den Dschungel führt der Lauf.
Liegend harr ich, der zur Nacht
Regen immer nur durchwacht -
kann die Ruhe nicht gewinnen,
wenn die Fluten niederrinnen;
Schmerzgeplagt, verfolgt von Geistern,
muss ich seinen Nachhall meistern;
mache mich im Drehen krumm,
leidend wie ein Köderwurm,
während Takte auf dem Steg
durch den Körper, schreien: „Weg!
Weg mit neuem Firlefanz,
komm und tanz den Liebestanz!"
Altbekannt ist, wie der Regen
tags und nächtens prägt mein Leben.

Quaint, outlandish heathen gods
Black men fashion out of rods,
Clay, and brittle bits of stone,
In a likeness like their own,
My conversion came high-priced;
I belong to Jesus Christ,
Preacher of humility;
Heathen gods are naught to me.

Götter, die Befremden wecken ,
schwarzer Männer Brauch aus Stecken,
Ton und spröden, kleinen Steinen,
die wie Konterfeis erscheinen,
Wandelmut kam mir sehr teuer;
Jesus Christ nur nährt mein Feuer,
Prediger der Folgsamkeit;
Weg mit Heidengöttlichkeit!

Father, Son, and Holy Ghost,
So I make an idle boast;
Jesus of the twice-turned cheek,
Lamb of God, although I speak
With my mouth thus, in my heart
Do I play a double part.
Ever at Thy glowing altar
Must my heart grow sick and falter,
Wishing He I served were black,
Thinking then it would not lack
Precedent of pain to guide it,
Let who would or might deride it;
Surely then this flesh would know
Yours had borne a kindred woe.
Lord, I fashion dark gods, too,
Daring even to give You
Dark despairing features where,
Crowned with dark rebellious hair,
Patience wavers just so much as
Mortal grief compels, while touches
Quick and hot, of anger, rise
To smitten cheek and weary eyes.
Lord, forgive me if my need
Sometimes shapes a human creed.

Vater, Sohn und Heiliggeist,
kraftlos, der ihn derart preist;
Jesus mit der zweiten Wange,
Gottes Lamm, obwohl mein Mund
macht dies kund, so gibt es zwei
Rollen für mein Herz dabei.
Immer, wenn dein Schrein mir prangt,
schwankt mein Herz, wird schwach und krankt,
wünschte dir ein Schwarzgesicht,
denkend dann, es fehlte nicht
Schmerzenskenntnis es zu führen,
solle sich, wer will, mokieren;
sicher wüsste dann mein Leib:
deiner litt dasselbe Leid.
Herr, auch schwarz kann Gott mir sein,
lasse selbst dir angedeihen
trostlos dunkle Züge, wo,
unter Haaren starr wie Stroh,
Menschengram nur Duldung bindet,
Ärger aber, heiß, sich findet,
Wangen nach dem Schlag erhitzt,
Zorn in müden Augen blitzt.
Herr vergib, wenn Menschennöte
Einfluss nehmen auf Gebete.

All day long and all night through,
One thing only must I do:
Quench my pride and cool my blood,
Lest I perish in the flood,
Lest a hidden ember set
Timber that I thought was wet
Burning like the dryest flax,
Melting like the merest wax,
Lest the grave restore its dead.
Not yet has my heart or head
In the least way realized
They and I are civilized.

Tageslang und durch die Nacht
hab ich nur ein Ziel der Acht:
Stolz zu kühlen und das Blut,
sonst erläge ich der Flut,
ließe Glut, die tot erscheint,
Wald, den fälschlich nass man meint,
brennen so wie trocknen Flachs,
schmelzen wie ein simples Wachs,
ließe Tote auferstehen.
Weit entfernt es einzusehen
leugnen Herz und Kopf noch blind,
dass sie und ich nicht Wilde sind.

Georgia Douglas Johnson (1877 – 1966)

YOUR WORLD

Your world is as big as you make it.
I know, for I used to abide
In the narrowest nest in a corner,
My wings pressing close to my side.

But I sighted the distant horizon
Where the skyline encircled the sea
And I throbbed with a burning desire
To travel this immensity.

I battered the cordons around me
And cradled my wings on the breeze,
Then soared to the uttermost reaches
With rapture, with power, with ease!

DEINE WELT

Die Welt ist so groß wie du willst.
Das weiß ich, weil ich lange verharrte,
in der Ecke des kleinsten Nests
mit lahmenden Flügeln erstarrte.

Doch ich sah den Ort in der Ferne,
wo Meer und Himmel sich treffen,
und es zog mich das heiße Begehren
in die Räume, die das Maß übertreffen.

Ich kappte den Strick, der mich hielt,
gab dem Sturm meine Flügel als Kind
und stieg in die äußersten Weiten,
begeistert und taumelnd im Wind.

COMMON DUST

And who shall separate the dust
What later we shall be:
Whose keen discerning eye will scan
And solve the mystery?

The high, the low, the rich, the poor,
The black, the white, the red,
And all the chromatique between,
Of whom shall it be said:

Here lies the dust of Africa;
Here are the sons of Rome;
Here lies the one unlabelled,
The world at large his home!

Can one then separate the dust?
Will mankind lie apart,
When life has settled back again
The same as from the start?

GEMEINSAMER STAUB

Und wer wird einst den Staub verteilen
von dir und mir und all den anderen,
wer kümmert sich und löst den Fall,
lässt seine scharfen Augen wandern?

Die Hohen, Tiefen, Reichen, Armen,
die Roten, Schwarzen und die Weißen,
und auch die schwierigeren Farben,
von allen gilt es auszuweisen:

Hier liegt der Staub von Afrika,
und hier ein Sohn vom Rhein,
hier liegt, wer nicht zu deuten war,
die ganze Welt sein Heim!

Kann einer diese Stäube trennen,
liegt Mensch von Mensch versetzt,
wenn uns das Leben wieder nimmt
und, wo begonnen, enden lässt?

I WANT TO DIE WHILE YOU LOVE ME

I want to die while you love me,
While yet you hold me fair,
While laughter lies upon my lips
And lights are in my hair.

I want to die while you love me,
And bear to that still bed,
Your kisses turbulent, unspent
To warm me when I'm dead.

I want to die while you love me
Oh, who would care to live
Till love has nothing more to ask
And nothing more to give!

I want to die while you love me
And never, never see
The glory of this perfect day
Grow dim or cease to be.

ICH MÖCHTE STERBEN IN DER LIEBE

Ich möchte sterben in der Liebe
solang dein Arm mich innig hält,
solange Lachen aus mir bricht
und Licht auf meine Haare fällt.

Ich möchte sterben in der Liebe,
um sie ins stille Bett zu legen,
die unverbrauchten, heißen Küsse,
die mir, der Toten, Wärme geben

Ich möchte sterben in der Liebe -
wer sollte noch ans Leben denken,
wenn Liebe nichts zu fragen wünscht
und auch nichts mehr zu schenken

Ich möchte sterben in der Liebe
und niemals, niemals will ich sehen,
wie Glanz und Strahlen dieses Tages
zu Blässe werden und vergehen.

THE HEART OF A WOMAN

The heart of a woman goes forth with the dawn,
As a lone bird, soft winging, so restlessly on,
Afar o'er life's turrets and vales does it roam
In the wake of those echoes the heart calls home.

The heart of a woman falls back with the night,
 And enters some alien cage in its plight,
And tries to forget it has dreamed of the stars
While it breaks, breaks, breaks on the sheltering bars.

DAS HERZ EINER FRAU

Das Herz einer Frau fliegt voran wenn es tagt,
einsam und rastlos, wie der Vogel es wagt
über Türme des Lebens und die Täler voraus
im Soge des Echos, das dem Herzen ein Haus.

Das Herz einer Frau fällt zurück in der Nacht
und sucht sich den Käfig für qualvolle Wacht,
Vergisst, dass es träumte vom Sternenflitter
und bricht und bricht am schützenden Gitter.

OLD BLACK MEN

They have dreamed as young men dream
Of glory, love and power;
They have hoped as youth will hope
Of life's sun-minted hour.

They have seen as other saw
Their bubbles burst in air,
And they have learned to live it down
As though they did not care.

ALTE SCHWARZE MÄNNER

Sie hatten Träume, wie Junge sie haben,
von Ruhm, von Liebe und Macht;
sie hatten Hoffnung, wie Jugend sie hat,
vom Leben in sonniger Pracht.

Sie mussten lernen, wie andere zuvor,
die Hoffnung war nur Schimäre,
und haben gelernt hinweg zu sehen,
als ob das alles nichts wäre.

BLACK WOMAN

Don't knock at the door, little child,
I cannot let you in,
You know not what a world this is
Of cruelty and sin.
Wait in the still eternity
Until I come to you,
The world is cruel, cruel, child,
I cannot let you in!

Don't knock at my heart, little one,
I cannot bear the pain
Of turning deaf-ear to your call
Time and time again!
You do not know the monster men
Inhabiting the earth,
Be still, be still, my precious child,
I must not give you birth!

SCHWARZE FRAU

Du sollst nicht klopfen, kleines Wesen,
zum Kommen ist jetzt nicht die Zeit,
du weißt nicht, was die Welt dir bringt
an Sünde und an Grausamkeit.
Du sollst die Ewigkeit erwarten,
dann kann ich bei dir sein;
die Welt ist grausam, kleines Wesen,
ich lasse dich nicht ein.

Du sollst nicht meinem Herzen klopfen,
ich kann den Schmerz nicht tragen,
mich immer wieder taub zu stellen
an diesem und den anderen Tagen.
Du kennst sie nicht, die Monstermänner
die sich bei uns befinden,
sei still, ganz still, mein liebes Kind
ich kann dich nicht entbinden.

Langston Hughes (1902 – 1967)

DREAM VARIATIONS

To fling my arms wide
In some place of the sun,
To whirl and to dance
Till the white day is done.
Then rest at cool evening
Beneath a tall tree
While night comes on gently,
Dark like me-
That is my dream!

To fling my arms wide
In the face of the sun,
Dance! Whirl! Whirl!
Till the quick day is done.
Rest at pale evening...
A tall, slim tree...
Night coming tenderly
Black like me.

TRAUMVARIANTEN

Die Arme weit öffnen,
wenn die Sonne mich blendet,
mich drehen und tanzen
bis der weiße Tag endet.
Dann ruhen am Abend,
hohe Bäume um mich,
wenn die Nacht zärtlich kommt,
dunkel wie ich -
das ist mein Traum.

Die Arme weit öffnen
der Sonne entgegen,
tanzen und drehen
bis die Strahlen vergehen.
Der blasse Abend,
schlanke Bäume um mich,
die Nacht, sie kommt sanft,
schwarz wie ich.

DREAMS

Hold fast to dreams
For if dreams die
Life is a broken-winged bird
That cannot fly.
Hold fast to dreams
For when dreams go
Life is a barren field
Frozen with snow.

TRÄUME

Bewahre die Träume,
denn wenn sie versiegen,
bricht dem Leben die Schwinge
und es kann nicht mehr fliegen.
Bewahre die Träume,
denn, sind sie verloren,
ist Leben ein kahles Feld,
mit Schnee zugefroren.

I, Too

I, too, sing America.

I am the darker brother.
They send me to eat in the kitchen
When company comes,
But I laugh,
And eat well,
And grow strong.

Tomorrow,
I'll be at the table
When company comes.
Nobody'll dare
Say to me,
"Eat in the kitchen,"
Then.

Besides,
They'll see how beautiful I am
And be ashamed—

I, too, am America.

AUCH ICH

Auch ich singe Amerika.

Ich bin der dunkle Bruder,
der zum Essen in die Küche muss,
wenn Gäste kommen.
Aber ich lache
und esse gut
und werde stark.

Morgen
sitze ich auch am Tisch,
wenn Gäste kommen.
Niemand wird wagen
zu mir zu sagen
„Iss in der Küche",
wenn es soweit ist.

Und außerdem
werden sie sehen, wie schön ich bin,
und sich schämen –

Auch ich bin Amerika.

THE NEGRO SPEAKS OF RIVERS

I've known rivers:
I've known rivers ancient as the world and older than the
flow of human blood in human veins.

My soul has grown deep like the rivers.

I bathed in the Euphrates when dawns were young.
I built my hut near the Congo and it lulled me
    to sleep.
I looked upon the Nile and raised the pyramids above it.
I heard the singing of the Mississippi when Abe Lincoln
    went down to New Orleans, and I've seen its muddy
    bosom turn all golden in the sunset.

I've known rivers:
Ancient, dusky rivers.

My soul has grown deep like the rivers.

DER NEGER ERZÄHLT VON FLÜSSEN

Ich habe Flüsse gesehen:
Ich habe Flüsse gesehen, so alt wie die Welt und älter
als das Blut des Menschen in seinen Adern.

Meine Seele wurde tief wie die Flüsse.

Ich nahm ein Bad im Euphrat als die Morgen grauten.
Ich baute meine Hütte am Kongo und er wiegte mich
   in den Schlaf.
Ich schaute auf den Nil und baute über ihm die Pyramiden.
Ich hörte den Mississippi singen, als Abe Lincoln
   nach New Orleans kam, und ich sah, wie der schlammige
   Fluss golden wurde in der Abendsonne.

Ich habe Flüsse gesehen:
alte, dunkle Flüsse.

Meine Seele wurde tief wie die Flüsse.

MOTHER TO SON

Well, son, I'll tell you:
Life for me ain't been no crystal stair.
It's had tacks in it,
And splinters,
And boards torn up,
And places with no carpet on the floor -
Bare.
But all the time
I'se been a-climbin' on,
And reachin' landin's,
And turnin' corners,
And sometimes goin' in the dark
Where there ain't been no light.
So, boy, don't you turn back.
Don't you set down on the steps
'Cause you finds it's kinder hard.
Don't you fall now -
For I'se still goin', honey,
I'se still climbin',
And life for me ain't been no crystal stair.

DIE MUTTER ZUM SOHN

Junge, ich kann dir erzählen,
mein Leben ist keine Prachttreppe gewesen.
Da waren Nägel drin,
und Splitter,
und aufgestellte Bretter,
und Stellen ohne Teppich auf dem Boden -
kahl.
Aber die ganze Zeit
bin ich weiter gestiegen,
auf Absätze,
um Ecken rum,
manchmal auch im Dunkel,
wenn's kein Licht gab.
Deshalb, Junge, dreh dich nicht um.
Setz dich nicht auf die Stufen,
denn die sind ziemlich hart.
Und fall nicht runter -
denn ich geh immer noch, mein Schatz,
ich steig immer noch hoch,
und mein Leben ist keine Prachttreppe gewesen.

As I Grew Older

It was a long time ago.
I have almost forgotten my dream.
But it was there then,
In front of me,
Bright like a sun—
My dream.
And then the wall rose,
Rose slowly,
Slowly,
Between me and my dream.
Rose until it touched the sky—
The wall.
Shadow.
I am black.
I lie down in the shadow.
No longer the light of my dream before me,
Above me.
Only the thick wall.
Only the shadow.
My hands!
My dark hands!
Break through the wall!
Find my dream!
Help me to shatter this darkness,
To smash this night,
To break this shadow
Into a thousand lights of sun,
Into a thousand whirling dreams
Of sun!

ALS ICH ÄLTER WURDE

Es ist lange her.
Ich habe meinen Traum fast vergessen.
Aber damals war er da,
vor mir,
hell wie eine Sonne -
mein Traum.
Und dann wuchs die Mauer,
wuchs langsam,
langsam,
zwischen meinem Traum und mir.
Wuchs bis in den Himmel -
die Mauer.
Schatten.
Ich bin schwarz.
Ich lege mich in den Schatten.
Das Licht meines Traums nicht mehr vor mir,
über mir.
Nur die dicke Mauer.
Nur der Schatten.
Meine Hände!
Meine dunklen Hände!
Durchbrecht die Mauer!
Findet meinen Traum!
Helft mir, diese Dunkelheit zu zerrütteln,
diese Nacht zu zerschmettern,
den Schatten zu brechen
in tausend Strahlen der Sonne,
in tausend tanzende Träume
aus Sonne!

THE CITY

In the morning the city
Spreads its wings
Making a song
In stone that sings.

In the evening the city
Goes to bed
Hanging lights
Above its head.

DIE STADT

Am Morgen entfaltet
die Stadt ihre Schwingen
und dichtet Lieder
aus Stein, die klingen.

Am Abend geht sie
zu Bett, die Stadt
mit hängenden Lichtern,
die sie über sich hat.

CROSS

My old man's a white old man
And my old mother's black.
If ever I cursed my white old man
I take my curses back.

If ever I cursed my black old mother
And wished she were in hell,
I'm sorry for that evil wish
And now I wish her well.

My old man died in a fine big house.
My ma died in a shack.
I wonder where I'm going to die,
Being neither white nor black?

ÜBER KREUZ

Mein alter Dad war weiß
und meine alte Mutter nicht.
Ich hab den Alten oft verflucht,
doch wär mir lieb, ich hätt es nicht.

Hab ich je meine Mom verflucht
und sonst wohin gewünscht vor Wut,
so tut's mir leid für diesen Wunsch,
heut wär's mir lieb, es ging ihr gut.

Mein Dad, der starb im schönen Haus,
und Mom in einer Hütte.
Ich frage mich, wo's mich erwischt
nicht schwarz, nicht weiß, die Mitte.

MOTTO

I play it cool
I dig all jive
That's the reason
I stay alive
My motto
As I live and learn
Is dig and be dug in return

MOTTO

Ich bleibe locker,
such ne gute Scheibe,
das ist der Grund,
dass ich oben bleibe.
Mein Motto,
das ich für Leben und Lernen brauch:
Suche und sie suchen dich auch

PEACE

We passed their graves:
The dead men there,
Winners or losers,
Did not care.
In the dark
They could not see
Who had gained
The victory.

FRIEDEN

Wir gingen an ihren Gräbern vorbei:
doch den Männern, den toten,
Gewinnern, Verlierern,
war dies einerlei.
Das Dunkel um sie
versperrte den Blick,
auf wer was davontrug,
Verlust oder Sieg.

DEMAND

Listen!
Dear dream of utter aliveness-
Touching my body of utter death-
Tell me, O quickly! dream of aliveness,
The flaming source of your bright breath.
Tell me, O dream of utter aliveness-
Knowing so well the wind and the sun-
    Where is this light
    Your eyes see forever?
    And what is the wind
    You touch when you run?

ERSUCHEN

Höre!
Du Traum vom grenzlosen Leben,
du, der den sterblichen Leib berührt,
nenne mir schnell, du Traum vom Leben,
die lodernde Quelle, von der dein Atem rührt.
Sage mir, Traum vom grenzlosen Leben,
der du Wind und Sonne gut kennst:
    Wo ist das Licht,
    das du ewig spürst,
    und was macht den Wind,
    den du im Lauf berührst?

THEME FOR ENGLISH B

The instructor said,

> *Go home and write*
> *a page tonight.*
> *And let that page come out of you—*
> *Then, it will be true.*

I wonder if it's that simple?
I am twenty-two, colored, born in Winston-Salem.
I went to school there, then Durham, then here
to this college on the hill above Harlem.
I am the only colored student in my class.
The steps from the hill lead down into Harlem,
through a park, then I cross St. Nicholas,
Eighth Avenue, Seventh, and I come to the Y,
the Harlem Branch Y, where I take the elevator
up to my room, sit down, and write this page:

It's not easy to know what is true for you or me
at twenty-two, my age. But I guess I'm what
I feel and see and hear, Harlem, I hear you.
hear you, hear me—we two—you, me, talk on this page.
(I hear New York, too.) Me—who?

Well, I like to eat, sleep, drink, and be in love.
I like to work, read, learn, and understand life.
I like a pipe for a Christmas present,
or records—Bessie, bop, or Bach.
I guess being colored doesn't make me *not* like
the same things other folks like who are other races.
So will my page be colored that I write?

[90]

Der Prof sagte:

> Bis morgen schreibt mir jeder
> ein Blatt aus seiner Feder.
> Wenn jedem nur sein Selbst die Quelle ist,
> bedeutet dies, dass es die Wahrheit ist.

Ob das so einfach ist?
Ich bin zweiundzwanzig, farbig, geboren in Winston-Salem,
ging dort zur Schule, dann in Durham, dann hier
in dieses College auf dem Berg über Harlem.
Ich bin der einzige Farbige in meiner Klasse.
Vom Berg führen mich Stufen nach Harlem hinunter,
durch einen Park, dann quere ich St. Nicholas Avenue,
die Achte, die Siebte, komm dann zum Y,
dem Harlem-Branch-Y, wo ich den Aufzug nehme
zu meinem Zimmer, mich hinsetze und schreibe:

Nicht leicht, zu wissen, was wahr ist, für Sie oder mich,
in meinem Alter, 22. Aber ich denke, ich bin
was ich fühle, sehe und höre. Harlem, ich höre dich,
höre dich, höre mich – wir zwei, du und ich, sprechen hier.
(Auch New York höre ich) Ich – wer?

Nun, ich mag essen, schlafen, trinken und verliebt sein.
Ich mag arbeiten, lesen, lernen, das Leben verstehen.
Ich mag eine Flöte als Weihnachtsgeschenk,
oder Platten – Bessie, Bop oder Bach.
Ich denke, nur weil ich farbig bin, muss ich nicht
andere Sachen mögen als die Leute von anderen Rassen.
Wird das schwarz sein, was ich jetzt schreibe?

Being me, it will not be white.
But it will be
a part of you, instructor.
You are white—
yet a part of me, as I am a part of you.
That's American.
Sometimes perhaps you don't want to be a part of me.
Nor do I often want to be a part of you.
But we are, that's true!
As I learn from you,
I guess you learn from me—
although you're older—and white—
and somewhat more free.

This is my page for English B.

Weil ich es tu, wird es nicht weiß sein.
Aber es wird
ein Teil von Ihnen sein, Prof.
Sie sind weiß -
und doch ein Teil von mir, wie ich von Ihnen.
Das ist amerikanisch.
Manchmal wollen Sie vielleicht kein Teil von mir sein
und ich nicht oft einer von Ihnen.
Aber wir sind es, das ist die Wahrheit!
So, wie ich von Ihnen lerne,
lernen Sie wohl auch von mir -
obwohl sie älter sind – und weiß -
und etwas freier, so wie ich es seh.

Dies ist mein Beitrag für Englisch B.

Claude McKay (1889 – 1948)

THE EASTER FLOWER

Far from this foreign Easter damp and chilly
My soul steals to a pear-shaped plot of ground,
Where gleamed the lilac-tinted Easter lily
Soft-scented in the air for yards around;

Alone, without a hint of guardian leaf!
Just like a fragile bell of silver rime,
It burst the tomb for freedom sweet and brief
In the young pregnant year at Eastertime;

And many thought it was a sacred sign,
And some called it the resurrection flower;
And I, a pagan, worshiped at its shrine,
Yielding my heart unto its perfumed power.

DIE OSTERLILIE

Weitab von fremder, feuchter Osterkälte
strebt meine Seele weg in jene Lande,
wo lila schimmernd diese Blume glühte
und meterweit den milden Duft versandte.

Allein und ohne jedes Blattwerk, das sie schützte,
fragile Glocke wie ein frostgezeugtes Silberkleid,
enteilte sie dem Grab für kurzes, süßes Freisein
im jungen, dicken Jahr der Osterzeit.

Für viele war sie Zeichen von geweihtem Sein,
und manchem Hinweis, Er sei vom Tod erwacht;
und ich, ein Heide, kniete vor dem Schrein,
und gab mein Herz der dufterfüllten Macht.

AMERICA

Although she feeds me bread of bitterness,
And sinks into my throat her tiger's tooth,
Stealing my breath of life, I will confess
I love this cultured hell that tests my youth!
Her vigor flows like tides into my blood,
Giving me strength erect against her hate.
Her bigness sweeps my being like a flood.
Yet as a rebel fronts a king in state,
I stand within her walls with not a shred
Of terror, malice, not a word of jeer.
Darkly I gaze into the days ahead,
And see her might and granite wonders there,
Beneath the touch of Time's unerring hand,
Like priceless treasures sinking in the sand.

AMERIKA

Auch wenn sie mir nur bitteres Brot gewährt
und ihre Zähne sich in meinen Hals versenken,
gestehe ich, von ihr der Lebensluft beraubt,
an diese, meine Hölle kann ich in Liebe denken.
Wie eine Woge fließt mir ihre Kraft ins Blut,
verleiht mir Stärke, wenn ihr Hass mir weht,
die Größe, die sie hat, erfasst mich wie die Flut.
Wie ein Empörer, der dem König widersteht,
steh ich in ihren Mauern ohne einen Hauch
von Schrecken, Tücke oder Niedertracht,
schau düster in die Tage, die da kommen,
und sehe ihre Herrlichkeit und steingebaute Pracht,
wie teures Gut im unbeirrten Griff der Zeit,
im Sand zerfallen zur Bedeutungslosigkeit.

I hear the halting footsteps of a lass
In Negro Harlem when the night lets fall
Its veil. I see the shapes of girls who pass
To bend and barter at desire's call.
Ah, little dark girls who in slippered
    feet
Go prowling through the night from street to street!

Through the long night until the silver break
Of day the little gray feet know no rest;
Through the lone night until the last snow-flake
Has dropped from heaven upon the earth's white breast,
The dusky, half-clad girls of tired feet
Are trudging, thinly shod, from street to street.

Ah, stern harsh world, that in the wretched way
Of poverty, dishonor and disgrace,
Has pushed the timid little feet of clay,
The sacred brown feet of my fallen race!
Ah, heart of me, the weary, weary feet
In Harlem wandering from street to street.

DIE SCHATTEN VON HARLEM

Ich höre sie verharren, ihre Tritte
im schwarzen Harlem, wenn die Nacht beginnt,
ich sehe Schatten, höre ihre Schritte,
wenn sie den Rufen folgen, die die Männerlust ersinnt.
Die kleinen, schwarzen Mädchen, die auf leicht
    beschuhten Füßen
die Nacht hindurch durch diese Straßen schleichen müssen.

Bis dann, nach langer Nacht, die Morgenglocke
den Tag begrüßt, gibt es für kleine Füße keine Rast.
Zu Ende ist die leere Nacht, wenn eine letzte Flocke
von Schnee gefallen ist und weiß die Erdenbrust umfasst.
Wenn halb entblößte Mädchen sich mit müden Füßen,
auf dünnen Sohlen durch die Straßen schleppen müssen.

Du strenge, harte Welt, musst du auf krummen Wegen
aus Armut, Schmach und Schande jederart,
die kleinen, lehmgefärbten Füße treten,
die braunen Füße, heilig, von meiner tief gefallenen Art?
Es bricht mein Herz, wie sie auf hundemüden Füßen
in Harlem durch die Straßen ziehen müssen.

THE WHITE CITY

I will not toy with it nor bend an inch.
Deep in the secret chambers of my heart
I muse my life-long hate, and without flinch
I bear it nobly as I live my part.
My being would be a skeleton, a shell,
If this dark Passion that fills my every mood,
And makes my heaven in the white world's hell,
Did not forever feed me vital blood.
I see the mighty city through a mist—
The strident trains that speed the goaded mass,
The poles and spires and towers vapor -kissed,
The fortressed port through which the great
    ships pass,
The tides, the wharves, the dens I contemplate,
Are sweet like wanton loves because I hate.

DIE WEIßE STADT

Ich rede es nicht klein und beuge mich um keinen Zoll;
der lebenslange Hass in meinem Herz sitzt tief,
und Kopf erhoben, wie ich mein Leben führen soll,
steh ich dazu, dass er nur selten schlief.
Ich wäre nur Skelett, nur eine leere Haut,
wenn diese Leidenschaft, die nie und nimmer ruht
und mir den Himmel schenkt, wo ihr die weiße Hölle baut,
nicht stetig Futter wäre für mein Herzensblut.
Im Nebel sehe ich die Stadt, mit ihrer ganzen Macht,
die Masten, Türme, Spitzen dunstbeküsst,
die Züge, kreischend, Massen hetzend Tag und Nacht
den Hafen, festungsgleich, den oft ein großes Schiff
    durchmisst.
Die Flut, die Lager, Werften, die ich niemals lasse,
sind süß wie lusterfüllte Lieben, weil ich hasse.

The Harlem Dancer

Applauding youths laughed with young prostitutes
And watched her perfect, half-clothed body sway;
Her voice was like the sound of blended flutes
Blown by black players upon a picnic day.
She sang and danced on gracefully and calm,
The light gauze hanging loose about her form;
To me she seemed a proudly-swaying palm
Grown lovelier for passing through a storm.
Upon her swarthy neck black shiny curls
Luxuriant fell; and tossing coins in praise,
The wine-flushed, bold-eyed boys, and even the girls,
Devoured her shape with eager, passionate gaze;
But looking at her falsely-smiling face,
I knew her self was not in that strange place.

DIE TÄNZERIN IN HARLEM

Die Burschen klatschten, doch auch junge Flittchen
verfolgten, wie ihr Leib im Takte lag;
die Stimme glich dem Klang von vielen Flöten,
gespielt von Schwarzen an einem Picknicktag.
Sie sang und tanzte anmutsvoll gelassen,
der dünne Schleier war, wie Dünste sind;
sie kam mir vor wie stolze Palmenrassen,
verschönt mit dem Umtosen durch den Wind.
Auf ihren dunklen Hals fiel schwarzgelocktes Haar,
als weinbeseelte Youngsters voll Verlangen,
mit Münzen warfen, was wohl Beifall war,
und sie mit angeheiztem Blick verschlangen.
Mir wurde klar, als ich das aufgesetzte Lächeln sah:
das war nicht sie, sie selbst war gar nicht da.

THE BARRIER

I must not gaze at them although
Your eyes are dawning day;
I must not watch you as you go
Your sun-illumined way;

I hear but I must never heed
The fascinating note,
Which, fluting like a river reed,
Comes from your trembling throat;

I must not see upon your face
Love's softly glowing spark;
For there's the barrier of race,
You're fair and I am dark

DER WALL

In deine Augen darf ich niemals blicken,
obwohl sie strahlen wie der junge Tag,
ich darf die Schritte nicht bewundern
auf deinem sonnenhellen Pfad.

Ich darf sie hören, nicht beachten,
die Note, die mich fasziniert,
die, flötend wie des Flusses Schilf,
in deiner Kehle hell vibriert.

Ich darf auch dein Gesicht nicht sehen,
wenn Liebesfunken sanft erglühen,
weil zwischen uns die Mauern stehen,
die Schön und Schwarz die Grenze ziehen.

MEMORIAL

Your body was a sacred cell always,
A jewel that grew dull in garish light,
An opal which beneath my wondering gaze
Gleamed rarely, softly throbbing in the night.

I touched your flesh with reverential hands,
For you were sweet and timid like a flower
That blossoms out of barren tropic sands,
Shedding its perfume in one golden hour.

You yielded to my touch with gentle grace,
And though my passion was a mighty wave
That buried you beneath its strong embrace,
You were yet happy in the moment's grave.

Still more than passion consummate to me,
More than the nuptials immemorial sung,
Was the warm thrill that melted me to see
Your clean brown body, beautiful and young;

The joy in your maturity at length,
The peace that filled my soul like cooling wine,
When you responded to my tender strength,
And pressed your heart exulting into mine.

How shall I with such memories of you
In coarser forms of love fruition find?
No, I would rather like a ghost pursue
The fairy phantoms of my lonely mind.

ANDENKEN

Dein Körper war mir stets ein heiliger Ort,
ein Edelstein, verblassend vor zu greller Pracht,
wie ein Opal, den Augen schmeichelnd und in einem fort
erlesen glühend, zärtlich pochend in der Nacht.

Ich nahm dich nur mit ehrfurchtsvollen Händen,
denn du warst sanft, wie nur die Blume ist,
die aufblüht aus dem kargen Sand der Tropen
und deren Duft so schnell vorüber ist.

Mit sanfter Anmut kamst du meiner Lust entgegen,
und kam sie dann mit aller Macht herab,
so dass die Welle dich für kurze Zeit begrub,
warst du doch glücklich in dem süßen Grab.

Noch mehr als Leidenschaft war mir Vollendung,
mehr als die Hochzeitsweisen, die man sang,
der heiße Schauder, der mich überkam,
als ich den Körper sah, so schön und jung;

Die Freude schließlich, als du reiftest,
als Friede mich erfüllte wie ein kühler Wein,
wenn du die Antwort fandst auf sanfte Stärke
und unsere Herzen schlugen im Verein.

Wie sollte ich, mit der Erinnerung an dich,
den seichten Abklatsch einer Liebe wagen?
Nein, lieber will ich wie ein Geist
die Bilder meiner Träume jagen.

O WORD I LOVE TO SING

O word I love to sing! thou art too tender
For all the passions agitating me;
For all my bitterness thou art too tender,
I cannot pour my red soul into thee.

O haunting melody! thou art too slender,
Too fragile like a globe of crystal glass;
For all my stormy thoughts thou art too slender,
The burden from my bosom will not pass.

O tender word! O melody so slender!
O tears of passion saturate with brine,
O words, unwilling words, ye can not render
My hatred for the foe of me and mine.

GELIEBTES WORT

Geliebtes Wort, du bist zu zärtlich
für all die dunkle Leidenschaft in mir
für all die Bitterkeit bist du zu zärtlich,
denn meine rote Seele find ich nicht in dir.

Du schöne Melodie, du bist zu schmächtig
und brächst wie eine Kugel ganz aus Glas;
für meinen aufgewühlten Geist bist du zu schmächtig,
du nimmst von meiner Brust nicht diese Last.

Geliebtes Wort, ihr schönen Melodien,
ihr leidentsprungenen, salzerfüllten Tränen,
ihr spröden Wörter, die mich im Stiche lassen,
ihr könnt den Hass auf unseren Feind nicht fassen.

WILD MAY

Aleta mentions in her tender letters,
Among a chain of quaint and touching things,
That you are feeble, weighted down with fetters,
And given to strange deeds and mutterings.
No longer without trace or thought of fear,
Do you leap to and ride the rebel roan;
But have become the victim of grim care,
With three brown beauties to support alone.
But none the less will you be in my mind,
Wild May that cantered by the risky ways,
With showy head-cloth flirting in the wind,
From market in the glad December days;
Wild May of whom even other girls could rave
Before sex tamed your spirit, made you slave.

WILDE MAY

Aleta schreibt in ihren liebevollen Briefen,
inmitten all dem anderen, wunderlichen Zeugs,
dass du sehr schwach seist und, beschwert von Fesseln,
zu unfassbarem Tun und auch zum Murmeln neigst.
Dass du nicht länger frei von jeder Furcht
den roten Schimmel der Rebellin reitest,
vielmehr als Opfer schlimmen Kummers
drei braunen Schönen brav ihr Mahl bereitest.
Und trotzdem bleibst du mir im Sinn,
wie du auf schwerem Weg im Sausewind
vom Markt vergnügt nach Hause rittest,
dein Kopftuch flatternd im Dezemberwind.
Du wilde May, von der selbst Frauen süchtig sprachen,
nun hat dich Sex gezähmt und machte dich zum Sklaven.

THE WHITE HOUSE

Your door is shut against my tightened face,
And I am sharp as steel with discontent;
But I possess the courage and the grace
To bear my anger proudly and unbent.
The pavement slabs burn loose beneath my feet,
And passion rends my vitals as I pass,
A chafing savage, down the decent street;
Where boldly shines your shuttered door of glass.
Oh, I must search for wisdom every hour,
Deep in my wrathful bosom sore and raw,
And find in it the superhuman power
To hold me to the letter of your law!
Oh, I must keep my heart inviolate
Against the potent poison of your hate.

DAS WEISSE HAUS

Verschlossen ist mir eure Tür, doch ich,
scharf wie der Stahl in meiner Unzufriedenheit;
besitze diesen Mut und zähme mich,
ertrag die Wut mit Stolz und mit Beharrlichkeit.
Die Pflastersteine brennen unter meinen Füßen
und Leidenschaft reißt mir den Leib in Stücke,
ein Wilder, tobend, in gepflegten Straßen,
wo man das stolze Glas verschleiert gegen Blicke.
Ich muss mir stündlich meine Weisheit suchen,
die sich in wunder, wutentbrannter Brust verbirgt,
um diese undenkbare Kraft darin zu finden,
das einzuhalten, was euer Recht erwirkt.
Ich muss mich schützen vor dem widerlichen Gift,
das, eurem Hass geboren, in unsere Herzen trifft.

Zweiter Teil:
Erläuterungen

Über dieses Buch

Die Geschichte dieses Buchs begann Ende der 1960er Jahre in einer unbeheizten Kammer eines Studienfreundes, der eine Gruppe von Kommilitonen zu einem Umtrunk eingeladen hatte. Es wurde gemeinsam gefroren, aber es wurden auch Gedichte gelesen, unter anderem aus einem kleinen, dünnen Bändchen mit dem Titel *Negro Verse*. Eines davon, *Dream Variations* von Langston Hughes, gefiel mir so gut, dass ich mir den Titel des Bands notierte und mir das Buch am Tag darauf bestellte. Später las ich dann noch mehr von Hughes und ich fand heraus, dass zu jener Zeit, als er in Harlem seine ersten Verse schrieb, dort weitere Dichterinnen und Dichter arbeiteten, die nicht weniger interessant waren. Und dass alle diese Poeten Teil einer Bewegung waren, die heute die Harlem-Renaissance genannt wird.

Als ich kürzlich feststellte, dass es kaum Übersetzungen dieser Poesie gibt und diese wenigen schon lange vergriffen sind, entstand die Idee für diese Gedichtsammlung. Die gemeinsame Klammer um alle Gedichte ist die Harlem-Renaissance. Natürlich ist diese Zeit untrennbar mit der Unterdrückung der Schwarzen verbunden. Ich will aber betonen, dass dieses Buch keine Erörterung der Rassendiskriminierung sein soll. Es ist schlichtweg eine Sammlung von Gedichten. Dass man darin der Diskriminierung der schwarzen Bevölkerung auf Schritt und Tritt begegnet, liegt an diesen Gedichten.

Man kann nur gut übersetzen, was einem selbst auch gefällt. Das wichtigste Kriterium bei der Auswahl der Poeten war deshalb mein eigenes Gefühl für die Qualität der Gedichte. Diese fand ich vor allem bei dem Dreigestirn Hughes, Cullen und McKay und bei Georgia Johnson. Es war nicht meine Absicht, die Dichtung der Harlem-Renaissance in voller Breite zu zeigen.

Bei der Auswahl der einzelnen Gedichte spielte neben dem Gefallen auch die Übersetzbarkeit eine Rolle. Außer Langston Hughes, der häufig freie Verse verfasste, schrieben die Poeten der Harlem-Renaissance vorwiegend formgebundene Poesie, also Verse, die mit Versmaß und mit Reimen versehen sind.

Will man diese Form und den damit verbundenen Klang adäquat ins Deutsche übertragen, dann gelingt dies natürlich nicht Wort für Wort. Der Übersetzer muss häufig Ersatzwörter finden und hin und wieder auch Kompromisse zwischen textlicher Genauigkeit und der Form schließen. Ein Beispiel für eine sehr schwierige Übersetzung ist das genialische Langgedicht *Heritage* (*Erbe*) von Countee Cullen. Da ich auf dieses einzigartige Gedicht nicht verzichten wollte, habe ich mich darauf konzentriert, den Inhalt und den Rhythmus zu bewahren. Die Reime dagegen ließen sich nicht in allen Fällen erhalten.

Die Anordnung der beiden Teile des Buchs entspricht ihrer Wichtigkeit. Zuerst kommen die Gedichte, denn sie sind die Hauptsache. Wer will, kann sie für sich alleine lesen, englisch und deutsch oder auch nur deutsch. Der zweite Teil enthält Erläuterungen über die Harlem-Renaissance und über die Dichterinnen und Dichter, die im Buch vertreten sind. Hinzu kommen kurze Abhandlungen zu jeweils drei Gedichten, welche Hinweise zur Deutung und in einigen Fällen auch zu den Umständen der Entstehung enthalten.

Die Harlem-Renaissance

Es war eine Zeit, in der, wie es Langston Hughes später in seinen Memoiren beschrieb, der Neger in Mode war und die Weißen in Scharen nach Harlem strömten. Duke Ellington spielte mit seinem Orchester im legendären Cotton Club für ein vorwiegend weißes Publikum, während die Schwarzen sich in ihren eigenen Clubs am Jazz ergötzten. Bessie Smith und Ma Rainey sangen den Blues, Josephine Baker bezauberte nicht nur ihr Publikum mit ihren Auftritten, sondern sorgte auch mit ihrem extravaganten Aussehen für eine Blüte der Mode, die schwarze und weiße Frauen gleichermaßen ergriff. Abend für Abend lockten Varietés, Tanzveranstaltungen und Hausparties Tausende von Schwarzen und Weißen in die Straßen von Harlem. Und da waren die Schriftsteller und Dichter. Unter ihnen Langston Hughes, Countee Cullen, Claude McKay, Jean Toomer, Georgie Douglas Johnson, Zora Neale Hurston, Nella Larsen, Gwendolyn Bennett und Wallace Thurman, um nur die bekanntesten zu nennen. Niemals zuvor lebten und arbeiteten so viele schwarze Dichter auf so kleinem Raum und niemals zuvor wurden so viele exzellente Gedichte in so kurzer Zeit geschrieben.

*

1865, am Ende des amerikanischen Bürgerkriegs, war die Sklaverei offiziell abgeschafft worden, aber die Unterdrückung der Schwarzen war damit noch lange nicht beendet. Noch im selben Jahr begannen einzelne Staaten des Südens, die Rechte der Schwarzen durch spezielle Gesetze wieder zu beschränken. Es begann, wie Douglas Blackmon es später formulierte, die Sklaverei unter neuem Namen. 1876, am Ende der Wiedereingliederungsphase, welche die Südstaaten wieder voll in die Union integrieren sollte, begann eine neue Welle südstaatlicher Gesetzgebung, dieses Mal mit dem Ziel, das Gleichberechtigungspostulat der Verfassung zu unterlaufen. Die Gesetze zementierten die Rassentrennung im täglichen Leben, in Schulen, öffentlichen Verkehrsmitteln und in Gastbetrieben. Im Volksmund wurden sie als „Jim Crow laws" bezeichnet (crow für

„Krähe"). Jim Crow war das Zerrbild eines tanzenden, singen-
den, mit sich und der Welt zufriedenen, aber faulen und mäßig
intelligenten Schwarzen, wie es von Thomas D. Rice und an-
deren Komödianten in so genannten Minstrel Shows zum Er-
götzen der weißen Bevölkerung präsentiert wurde. Die Rassen-
trennungsgesetze wurden erst in den 1950er und 1960er Jahren
nach und nach abgeschafft. Sie waren ohnehin nur die offizielle
Form der Unterdrückung der Schwarzen. Zusätzlich machten
die ausbeuterische Form ihrer Beschäftigung in der Landwirt-
schaft und nicht zuletzt die zunehmende Lynchjustiz ihnen das
Leben schwer.

Die desolate Lage der schwarzen Bevölkerung in den Süd-
staaten war ein Hauptfaktor für die so genannte erste große
Wanderbewegung (1916-1930), in deren Verlauf rund 1,6 Mil-
lionen Schwarze aus den ländlichen Gebieten der Südstaaten
in städtische Gebiete des amerikanischen Nordens umzogen.
Dies entsprach etwa zehn Prozent der gesamten afro-amerika-
nischen Bevölkerung. Der zweite Hauptfaktor war die stark ge-
stiegene Nachfrage nach Arbeitskräften im Norden, die vor al-
lem auf der Teilnahme der Union am ersten Weltkrieg beruhte.
Rund zwei Millionen amerikanische Soldaten nahmen am
Krieg teil. Ihre Arbeitskraft musste ersetzt werden, Truppen
waren zu versorgen, befreundete Mächte mit Gütern zu versor-
gen. Firmen aus dem Norden lockten die Schwarzen aus dem
Süden mit höheren Löhnen und übernahmen nicht selten die
Übersiedlungskosten und die Besorgung einer Wohnung.

Auch die nordamerikanischen Weißen begegneten den
schwarzen Immigranten nicht völlig vorurteilsfrei. Aber im
Vergleich zu den Verhältnissen im Süden waren jene im Nor-
den paradiesisch. Hinzu kam, dass sich durch die Ansiedlung
in den großen Städten Bezirke mit überwiegend schwarzer Be-
völkerung herausbildeten. Bronzeville in Chicago, „black Met-
ropolis" genannt, war ein solches Zentrum, und natürlich
Harlem in New York City. Hier waren die Schwarzen unter
sich und spürten eine Freiheit, die sie niemals zuvor gefühlt
hatten. Es waren vor allem die mobilen, die wagemutigen unter
den auf dem Lande aufgewachsenen Schwarzen, die sich dort

mit solchen zusammenfanden, die in den Städten aufgewachsen waren, und die zusammen eine Atmosphäre der Hoffnung und des Aufbruchs schufen.

*

Es bedurfte nur noch einiger außergewöhnlicher und charismatischer Persönlichkeiten, damit auf diesem Nährboden die kulturelle Blüte entstehen konnte, die später als Harlem-Renaissance in die Geschichte einging. Es waren schwarze Intellektuelle, welche als Vordenker der Bewegung auftraten und die Strippen zogen, sich für die Belange der schwarzen Gemeinschaft einsetzten, Zeitungen und Zeitschriften herausgaben, Literaten und Künstler förderten.

Da war der Soziologe W. E. Burghardt Du Bois (1868 – 1963), der in Harvard studiert und zwei Jahre an den Universitäten von Berlin und Heidelberg verbracht hatte. Danach hatte er an der Universität von Atlanta unterrichtet. 1909 wurde er Gründungsmitglied der NAACP, der National Association for the Advancement of Colored People, einer bis heute bestehenden Organisation der Bürgerrechtsbewegung. Er fungierte dort als Vorstand und Herausgeber der Vereinszeitschrift *The Crisis*. Er veröffentlichte darin viele Beiträge junger Dichter und Schriftsteller; unter anderem verhalf er Langston Hughes zu seiner ersten Veröffentlichung mit dem Gedicht *The Negro Speaks of Rivers* (1921).

James Weldon Johnson (1871 – 1938) war ein vielseitig begabter Mann, der sich an vielen Dingen mit Erfolg versuchte. Bevor er 1914 nach Harlem umzog, war er bereits Direktor einer Schule gewesen, hatte eine Zeitung gegründet und geführt, hatte beliebte Lieder und Liedtexte geschrieben und auch einen Roman, und war sechs Jahre lang für die Regierung Theodore Roosevelt Konsul in Venezuela und Nicaragua gewesen. In New York wurde er der erste schwarze Geschäftsführer der NAACP und behielt diese Position bis 1931. Anschließend übernahm er eine Professur an der Fisk Universität. Er war literarisch sehr aktiv, gab Anthologien von Gedichten und Spirituals heraus und schrieb auch selbst Gedichte.

Anders als Du Bois und Johnson war Alain Locke (1885 – 1954) nicht politisch aktiv. Er studierte Englisch und Philosophie in Harvard und war der erste Schwarze, der ein Rhodes-Stipendium zum Studium an der Universität Oxford erhielt. Er studierte dort Literatur, Griechisch und Latein. Nach einem Studienaufenthalt in Berlin und einer Assistenzprofessur in Washington erwarb er in Harvard seinen Doktor für Philosophie. Danach erhielt er einen Lehrstuhl für Philosophie an der Howard Universität, den er bis zum Ruhestand 1953 innehatte. Locke lebte zwar nicht in Harlem, gilt vielen aber als der Vater der Harlem-Renaissance, denn er war es, der das Buch *The New Negro* herausgab, das als Leuchtturm-Publikation der Bewegung gilt.

*

Dem „neuen Neger" (new negro) zur Reife zu verhelfen war das erklärte Ziel von Alain Locke und seinen Mitstreitern. Der „alte Neger", das war ein durch Jahrhunderte der Sklaverei und Unterdrückung zurückgesetzter Schwarzer, einer, dem man nichts zutraute, ein unselbständiger mit schwachem Selbstbewusstsein. Der „neue Neger" war der, der gerade in Harlem und den anderen großstädtischen schwarzen Zentren im Entstehen war. Er sollte genauso intelligent und selbstbewusst sein wie die Weißen und sich genauso gut im Leben zurechtfinden. Und er sollte ebenso gebildet und kultiviert sein. Was eignete sich besser als Literatur und Kunst, um Bildung und Kultur vorzuführen, und wer war hierfür besser geeignet als die Intellektuellen und die Dichter aus Harlem? Viele von ihnen hatten studiert, zum Teil an renommierten Universitäten wie Harvard und Oxford und manche hatten mit ihren Leistungen nicht wenige der weißen Kommilitonen weit hinter sich gelassen.

Für Alain Locke und die anderen Akteure der Bewegung war es ein erklärtes Ziel, beispielhafte Leistungen vorzuweisen ohne dabei zu versuchen, so weiß wie die Weißen zu werden. Stattdessen sollte sich eine eigene schwarze Identität in Kunst, Literatur und Dichtung herausbilden. Da Identität immer auch auf der Vergangenheit beruht, widmete Alain Locke der schwarzen Vergangenheit im *New Negro* einen eigenen Abschnitt. Dichter, wie Langston Hughes und Zora Neale Hurston, bereisten den Süden, um die Geschichten, die Sprache und die Musik der Landbevölkerung aufzusaugen und sie in ihren eigenen Werken Gestalt annehmen zu lassen. Andere, wie Countee Cullen in seinem epochalen Werk *Heritage*, dachten über die Bedeutung ihrer afrikanischen Herkunft für ihr Wesen und ihre Stellung in der Gesellschaft nach.

*

Wann die Harlem-Renaissance genau endete, ist umstritten. Die große Depression 1929 zerschlug den Optimismus, welcher den Aufschwung getragen hatte. Der allabendliche Strom der Weißen nach Harlem kam zu erliegen und auch bei der schwarzen Bevölkerung machte sich Pessimismus breit. Mit dem Aufruhr von 1935, bei dem nicht nur drei Menschen ihr Leben ließen und Hunderte verletzt wurden, sondern auch viele Geschäfte zu Schaden kamen, war der Renaissance ein deutliches Ende gesetzt. Der Aufruhr besiegelte die Verwandlung Harlems vom Ort der Sehnsucht in ein Ghetto.

Was bleibt, sind die Werke der Musiker, der Künstler und der Dichter. Spirituals, Blues und vor allem der Jazz sind mittlerweile nicht nur weltweit bekannt, sondern werden auch der afro-amerikanischen Kultur zugeschrieben. Die Gedichte von Langston Hughes, Countee Cullen und Claude McKay finden sich nahezu in jeder Anthologie der amerikanischen Dichtung. Sie stehen dort wegen ihrer dichterischen Qualität, tragen aber wegen ihrer speziellen Thematik, ihres besonderen Stils und ihrer Geschichte zur Verwurzelung und Bereicherung der schwarzen Kultur bei.

Leider ist die Thematik der Gedichte, die Diskriminierung der schwarzen Bevölkerung, nach wie vor aktuell. Es ist zwar schon viel geschehen seit den Jahren der Harlem-Renaissance und immerhin ist bereits ein schwarzer Amerikaner Präsident seines Landes gewesen, aber das Bewusstsein der Gleichwertigkeit von Schwarz und Weiß ist noch nicht bei allen angekommen. Manche Mühlen mahlen langsam.

Countee Cullen – der Schönheitssuchende (1903 – 1946)

Er wollte nur Dichter sein, kein schwarzer Dichter und auch kein weißer. Seine Liebe galt der schönen, wohlklingenden Poesie und seine Vorbilder waren John Keats, A.E. Housman, William Blake, William Wordsworth und Edna St. Vincent Millay. Das wurde von manchem in Harlem missverstanden. Es gab Vorwürfe, er würde nicht deutlich genug die Partei der schwarzen Bevölkerung ergreifen. Cullens Standpunkt aber war, er könne der Sache der Schwarzen besser dienen, indem er zeigte, dass ein farbiger Dichter auf dem Gebiet der traditionellen Lyrik genauso gut sein konnte wie ein weißer, dass es also auf die Hautfarbe nicht ankam. Er war dagegen, in der Poesie zusätzliche Barrieren zwischen Schwarz und Weiß zu errichten.

Der Traum, ein Dichter ohne Hautfarbe zu sein, war im rassentrennenden Amerika wohl unerfüllbar. Das betraf vor allem die Wahl der Themen. Da waren zum einen die Erwartungen der schwarzen Gemeinschaft, für ihre Sache einzutreten, zum anderen das eigene Erleben der Diskriminierung, das auch einem Hochgebildeten wie Cullen nicht erspart blieb. Wie sollte er in der Dichtung das eigene Erleben ausblenden, das doch normalerweise die ergiebigste Quelle der dichterischen Inspiration ist?

Vom poetischen Dreigestirn Cullen, Hughes, McKay hatte Cullen die umfassendste Bildung erhalten, obwohl die Voraussetzungen dafür bei seiner Geburt denkbar schlecht waren. Er wurde 1903 als Countee LeRoy Lucas geboren. Als Geburtsort wird Louisville, Kentucky vermutet, aber dies ist nicht sicher. Amanda Porter, die Großmutter väterlicherseits, kümmerte sich um den Jungen, und als die beiden 1911 nach Harlem umzogen, war Countee acht Jahre alt. Als die Großmutter 1918 starb, übernahm der methodistische Pfarrer Frederick A. Cullen, der Vorstand der größten Glaubensgemeinschaft in Harlem, zusammen mit seiner Frau Carolyn die Erziehung des Fünfzehnjährigen.

Dieser besuchte zunächst eine High School in der Bronx und erhielt dort Unterricht in Latein, Griechisch, Mathematik und Französisch. Während der Schulzeit schrieb er bereits Gedichte und gewann einen stadtweiten Poesiewettbewerb. Die Abschlussprüfung bestand er mit Auszeichnung. Nach der Schulzeit ging Cullen an die New York Universität. Sein poetisches Schaffen setzte er unvermindert fort. Er veröffentlichte einige Gedichte in Zeitschriften und nahm erfolgreich an Poesiewettbewerben teil. 1925 schloss er sein Studium als einer der elf besten Absolventen ab. Noch in demselben Jahr wurde er in das Masterprogramm für Englisch der Universität Harvard aufgenommen. Zu dieser Zeit wurde auch sein erster Gedichtband *Color* veröffentlicht, der bereits die meisten seiner bekanntesten und besten Gedichte enthielt. Die Rassenfrage und das Selbstverständnis der Schwarzen nehmen in dem Buch eine zentrale Rolle ein. Cullen verließ Harvard 1926 nach einem erfolgreich abgeschlossenen Masterstudium.

Nach dem Studium arbeitete Cullen als Mitherausgeber der Zeitschrift *Opportunity*. Er hatte dort seine eigene Kolumne *The Dark Tower*, die viel Beachtung und Lob fand. Er veröffentlichte 1927 zwei weitere Gedichtbände, *Copper Sun* und *The Ballad of the Brown Girl*. 1929 folgte bereits das viel beachtete *The Black Christ & Other Poems*. Zu dieser Zeit hatte er bereits ein Guggenheim-Stipendium angetreten, das ihm ein Studium in Frankreich ermöglichte. Zwischen 1928 und 1934 reiste Cullen viel zwischen den USA und Frankreich hin und her. Die poetischen Aktivitäten hatte er zu dieser Zeit schon stark reduziert. Er schrieb stattdessen einen Roman, zwei Bücher für Kinder, den Text für ein Broadway-Musical und übersetzte die griechische Tragödie Medea von Euripides ins Englische. Seinen Lebensunterhalt verdiente er sich von 1934 bis zu seinem Tod als Lehrer für Französisch an einer Junior High School in New York. Er starb 1946 an einer Niereninsuffizienz. Ein Jahr später erschien posthum *On These I Stand*, eine Kollektion der Gedichte, die er für seine besten hielt.

Das Programm: Harlem Wine

Harlem Wine (*Wein aus Harlem*) aus der 1925 publizierten Sammlung *Color* liest sich wie ein Programm der Harlem-Renaissance.

Harlem Wine

This is not water running here,
These thick rebellious streams
That hurtle flesh and bone past fear
Down alleyways of dreams.

This is a wine that must flow on
Not caring how or where
So it has ways to flow upon
Where song is in the air.

So it can woo an artful flute
With loose elastic lips
Its measurements of joy compute
With blithe, ecstatic hips.

Das Bild eines reißenden Stroms baut sich in uns auf, eines Stroms der alles umspült und mit sich nimmt. Eines Stroms, der aus Wein besteht, einem Getränk, das in Harlem bekanntlich nicht hergestellt wird und das hier explizit vom Wasser unterschieden wird, das man in Harlem eher vermutet hätte. Der Wein, das sind die Werke der Harlem-Renaissance. Es ist, wie uns erzählt wird, ein rebellischer Wein, also ein Wein, der sich gegen das Gegebene richtet. Was dieses Gegebene ausmacht, nämlich die Diskriminierung der Schwarzen, wird nicht erwähnt, wohl in der Annahme, dass es ohnehin jeder weiß. Dieses Andeuten und Vertrauen auf die Einsicht des Lesers ist typisch für Cullens Poesie. Der Holzhammer ist nicht sein bevorzugtes Werkzeug.

Die erste Strophe betont, wie mächtig der Strom des Weins ist. Es ist ein Strom, den nichts aufhalten kann, der aber offensichtlich nichts Gefährliches an sich hat und sogar die Angst verschwinden lässt. Die Strophen zwei und drei beschreiben ihn noch näher. Es ist zwar ein rebellischer Strom, aber kein aggressiver. Er ist mit Gesängen verbunden, er kann eine Flöte zum Klingen bringen und Tänzer zum ekstatischen Schwingen der Hüften verführen. Es ist eben Wein, keine bittere Medizin. Es ist etwas, was Weiße annehmen und trinken können.

Die Form ist klassisch und perfekt mit dem Text verknüpft. Das Grundmetrum ist der Jambus, vierfüßig jeweils in Zeile eins und drei, dreifüßig in zwei und vier. Allerdings ist die erste Silbe in fast allen Zeilen ebenso stark betont wie die zweite, was dem Gedicht etwas Vorwärtsdrängendes verleiht. Man fühlt sich an Hugo von Hofmannsthals Sonett *Vorgefühl* erinnert:

Das ist der Frühling nicht allein,
Der durch die Bäume dränget
Und wie im Faß der junge Wein
Die Reifen fast zersprenget, …

Der doppelte Tabubruch: Tableau

In *Tableau* (*Szenerie*), ebenfalls aus dem Album *Color*, wird ein doppelter Tabubruch beschrieben. Ein weißer und ein schwarzer Junge gehen Arm in Arm auf der Straße – als Liebespaar! Die Leute, die Zeugen dieses Auftritts sind, reagieren missbilligend. Während die Schwarzen hinter halb geöffneten Gardinen auf die beiden starren, tuscheln die Weißen auf der Straße über sie. Also gleichermaßen ablehnende Reaktionen bei beiden Gruppen, aber die Gruppen bleiben für sich.

Tableau

Locked arm in arm they cross the way
The black boy and the white,
The golden splendor of the day
The sable pride of night.

From lowered blinds the dark folk stare
And here the fair folk talk,

Indignant that these two should dare
In unison to walk.

Oblivious to look and word
They pass, and see no wonder
That lightning brilliant as a sword
Should blaze the path of thunder.

Das Paar bemerkt die ablehnenden Reaktionen nicht einmal; so sehr sind die beiden ihrer Umgebung entrückt. Ihr Auftritt ist nicht als Provokation gedacht. Geschlecht und Hautfarbe sind ihnen, jedenfalls als trennendes Moment, unwichtig. Dass die Sympathien des Dichters auf ihrer Seite liegen, wird aus den beiden letzten Zeilen deutlich. Der Blitzschlag, dem ihr Auftreten gleicht, erleuchtet donnernd den Weg. Er könnte vielleicht, aber das wird nicht explizit ausgesprochen, auch das Bewusstsein der Zusehenden erleuchten.

Frage eines Zerrissenen: What is Africa to me?

Heritage (*Erbe*), ein genialisches Langgedicht, wurde in zwei sehr unterschiedlichen Versionen veröffentlicht. Die erste Veröffentlichung erfolgte 1925 in *Color*, die zweite noch im selben Jahr in Alain Lockes programmatischem Sammelband *The New Negro*. Gegenüber der ersten Fassung war darin zwar nur wenig umformuliert, aber die Anordnung der einzelnen Passagen war entscheidend verändert. Ob die Änderungen auf Lockes Betreiben zustande kamen oder ob Locke vielleicht sogar ohne Cullens Wissen umgestaltet hatte, ist nicht bekannt. In die 1947 veröffentlichte Sammlung seiner besten Gedichte, *On These I Stand,* hat Cullen jedenfalls die Fassung aus *Color* aufgenommen. Dies ist auch diejenige, die der Übersetzung in diesem Buch zugrunde liegt.

Viele halten *Heritage* für Cullens bestes Gedicht. Entsprechend oft ist darüber geschrieben worden. Dass die geäußerten Meinungen recht gespalten sind, liegt zum einen am Thema, das zumindest vordergründig stark mit der schwarzen Rasse verknüpft ist, zum anderen an Cullens Art, darüber zu schreiben. Diese ist, in *Heritage* wie in seinen anderen Gedichten, stark von englischen Poeten des achtzehnten und neunzehnten Jahrhunderts beeinflusst. So manchem erschien dies als ein Verrat an der Sache der Schwarzen.

Im Versmaß (vierfüßiger Trochäus) ähnelt *Heritage* William Blakes *Tyger*. Ebenfalls an *Tyger* erinnern die Paarreime und der kursive Teil der Strophe, der in einer späteren Strophe als Refrain wiederkehrt. Im *Tyger* wird die vierzeilige erste Strophe ebenfalls am Ende wiederholt. Es gibt noch mehr Gemeinsamkeiten. Hierzu weiter unten.

Es geht in Heritage um die Frage, ob die afrikanische Herkunft eine Bedeutung für den Sprecher des Gedichts haben kann, also für einen modernen Schwarzen, dessen Vorfahren vor langer Zeit nach Amerika kamen und der Afrika nicht einmal persönlich kennt. Die erste Strophe von insgesamt sieben ist ganz der Fragestellung gewidmet:

What is Africa to me:
Copper sun or scarlet sea,
Jungle star or jungle track,
Strong bronzed men, or regal black
Women from whose loins I sprang
When the birds of Eden sang?
One three centuries removed
From the scenes his fathers loved,
Spicy grove, cinnamon tree,
What is Africa to me?

Die Frage wird kurz und bündig in der ersten Zeile gestellt und in der letzten wiederholt. Dazwischen werden in wenigen Zeilen eine These und eine Gegenthese präsentiert: Die These lautet, etwas vereinfacht: Beeindruckend ist es, dieses Afrika, und meine Vorfahren kamen von dort. Dies muss doch einen Einfluss auf mich haben. Dagegen steht: Das ist doch schon so lange her. Kann etwas wichtig für mich sein, das so lange zurück liegt und das ich nicht einmal selbst kenne?

In der zweiten Strophe berichtet der Sprecher, dass Afrika tatsächlich in ganz massiver Weise auf ihn wirkt. Die Strophe besteht aus drei langen Sätzen, von denen jeder mit den Worten „So I lie" beginnt. Es wird so der Eindruck vermittelt, der Sprecher erlebe eine schlaflose Nacht, in der ihn die Gedanken an Afrika plagen. Dies geschieht gleich auf drei verschiedene Arten: Erstens als Gesang barbarischer Vögel, welcher den Durchzug von Dschungelherden begleitet, während gleichzeitig junge Liebende im Gras liegen, zweitens als ständiges Trommeln, gegen das auch ein Zuhalten der Ohren nichts nützt, drittens als Flut seines eigenen dunklen Bluts durch seinen Körper, welche ein bereits aufgescheuertes Netz zu sprengen droht.

> So I lie, who all day long
> Want no sound except the song
> Sung by wild barbaric birds
> Goading massive jungle herds,
> Juggernauts of flesh that pass
> Trampling tall defiant grass
> Where young forest lovers lie,
> Plighting troth beneath the sky.
> So I lie, who always hear,
> Though I cram against my ear
> Both my thumbs, and keep them there,
> Great drums throbbing through the air.
> So I lie, whose fount of pride,
> Dear distress, and joy allied,
> Is my somber flesh and skin,
> With the dark blood dammed within
> Like great pulsing tides of wine
> That, I fear, must burst the fine
> Channels of the chafing net
> Where they surge and foam and fret.

Woraus dieses Netz besteht und was sein Zweck ist, sagt der Sprecher nicht explizit. Wir dürfen annehmen, dass es das Netz der Konventionen und Normen der Gesellschaft ist, in der er

lebt. Die dritte Strophe legt dies nahe. In ihr verneint der Spre-
cher den Einfluss Afrikas, oder vielmehr redet er ihn klein.

Africa? A book one thumbs
Listlessly, till slumber comes.
Unremembered are her bats
Circling through the night, her cats
Crouching in the river reeds,
Stalking gentle flesh that feeds
By the river brink; no more
Does the bugle-throated roar
Cry that monarch claws have leapt
From the scabbards where they slept.
Silver snakes that once a year
Doff the lovely coats you wear,
Seek no covert in your fear
Lest a mortal eye should see;
What's your nakedness to me?
Here no leprous flowers rear
Fierce corollas in the air;
Here no bodies sleek and wet,
Dripping mingled rain and sweat,
Tread the savage measures of
Jungle boys and girls in love.
What is last year's snow to me,
Last year's anything? The tree
Budding yearly must forget
How its past arose or set
Bough and blossom, flower, fruit,
Even what shy bird with mute
Wonder at her travail there,
Meekly labored in its hair.
One three centuries removed
From the scenes his fathers loved,
Spicy grove, cinnamon tree,
What is Africa to me?

Im ersten Satz der Strophe wird Afrika mit einem Buch verglichen, das man lustlos vor dem Einschlafen durchblättert. Auch im weiteren Verlauf der Strophe sind immer wieder Bemerkungen eingestreut, welche die Bedeutung des Geschilderten verneinen: es sei vergessen, nicht mehr vorhanden, Schnee von gestern. Aber die Schilderungen der herabgewürdigten Naturgewalten geraten so plastisch und so kraftvoll, dass die Abwiegelung durch den Sprecher nicht glaubwürdig erscheint. Zumal deutlich sexuell motivierte Bilder auftauchen. Da sind zunächst die Schlangen als phallisches Symbol der Männlichkeit, welche nach Abwerfen ihres Kleids nackt erscheinen, und auch die jungen Dschungelpaare tauchen wieder auf, dieses Mal wilde Tänze mit feuchten Körpern vollführend.

Wenn die zweite Strophe die Begründung der These ist, dass Afrika für den Sprecher von Bedeutung sei, dann ist die dritte Strophe die Begründung der Gegenthese, wenn auch eine halbherzige. Man beachte die Wiederholung des Refrains am Ende der Strophe; sie schließt die Gegenüberstellung ab.

Die vierte Strophe bestärkt uns in der Vermutung, dass die Verneinung Afrikas durch den Sprecher nur halbherzig war. Denn nun wird von neuem beschrieben, wie sehr Afrika ihn plagt. Er benutzt hierfür zwei neue Bilder. Zuerst das der trommelnden Füße, die durch seinen Körper marschieren und dabei einen Dschungelpfad austreten. Dann das Bild des Regens, eines unablässigen Regens wie in der afrikanischen Regenzeit, der ihn am Schlaf hindert und ihm zusetzt.

> So I lie, who find no peace
> Night or day, no slight release
> From the unremittent beat
> Made by cruel padded feet
> Walking through my body's street.
> Up and down they go, and back,
> Treading out a jungle track.
> So I lie, who never quite
> Safely sleep from rain at night--
> I can never rest at all
> When the rain begins to fall;

Like a soul gone mad with pain
I must match its weird refrain;
Ever must I twist and squirm,
Writhing like a baited worm,
While its primal measures drip
Through my body, crying, "Strip!
Doff this new exuberance.
Come and dance the Lover's Dance!"
In an old remembered way
Rain works on me night and day.

Hinweise, wofür das Bild des Regens steht, bekommen wir am Ende der Strophe, wenn der Takt des Regens den sich wie ein Wurm Windenden dazu drängt, all den neuen Firlefanz fallen zu lassen und den Liebestanz zu tanzen.

In der fünften Strophe werden neue Aspekte ins Spiel gebracht. Die ursprüngliche Argumentation wird damit erweitert. Der Sprecher stellt die Gottheiten Afrikas dem Gott seiner gegenwärtigen Umgebung gegenüber. Beide werden mit je einer Eigenschaft beschrieben: der afrikanische Heidengott ist ein Ebenbild seiner Anhänger, der Christengott ist einer, der seinen Anhängern Demut predigt.

Quaint, outlandish heathen gods
Black men fashion out of rods,
Clay, and brittle bits of stone,
In a likeness like their own,
My conversion came high-priced;
I belong to Jesus Christ,
Preacher of humility;
Heathen gods are naught to me.

Der Sprecher sagt, dass seine Entscheidung, dem Christengott zu folgen, ihn Opfer gekostet habe, ohne genauer auszuführen, worin diese Opfer bestanden. Wir können aber auf der Basis der vorhergehenden Strophen und der darin beschriebenen Obsessionen von Trommeln, Regen, Schlangen, Dschungelpaaren und Liebestänzen annehmen, dass die Normen und Konventionen seiner christlichen Umgebung dem Sprecher manchen

Verzicht nahelegen. In der letzten Zeile konstatiert der Sprecher, dass die Heidengötter nichts für ihn seien, eine Aussage, die angesichts der Bemerkung über die Opfer nicht überzeugend klingt.

Die sechste Strophe gibt uns weitere Hinweise über Opfer und sie bestätigt, dass die Ablehnung der heidnischen Götter nicht aus ganzem Herzen kam. Im ersten Satz der Strophe sagt der Sprecher dies offen, nachdem er noch einmal die demütige Seite des Christengotts herausgestellt hat.

Father, Son, and Holy Ghost,
So I make an idle boast;
Jesus of the twice-turned cheek,
Lamb of God, although I speak
With my mouth thus, in my heart
Do I play a double part.

Die Entscheidung für den Christengott als gegeben hinnehmend, äußert er den Wunsch, dass der Christengott wenigstens ein schwarzer sein sollte, weil ein schwarzer Gott seinen Schmerz und sein Leid nachempfinden könne.

Ever at Thy glowing altar
Must my heart grow sick and falter,
Wishing He I served were black,
Thinking then it would not lack
Precedent of pain to guide it,
Let who would or might deride it;
Surely then this flesh would know
Yours had borne a kindred woe.

Er setzt den Gedankengang im Rest der Strophe fort, wo er ausführt, wie er sich einen solchen schwarzen Gott vorstellt. Er solle geduldig sein, wo es angebracht sei, aber nicht die andere Wange hinhalten, wenn er ins Gesicht geschlagen werde:

Lord, I fashion dark gods, too,
Daring even to give You
Dark despairing features where,
Crowned with dark rebellious hair,

Patience wavers just so much as
Mortal grief compels, while touches
Quick and hot, of anger, rise
To smitten cheek and weary eyes.
Lord, forgive me if my need
Sometimes shapes a human creed.

Die siebente und letzte Strophe ist vollständig kursiv gehalten.
Sie enthält die Antwort auf die am Anfang gestellte Frage als
Ergebnis der vorangegangenen Erörterungen. Afrika, obwohl
hier nicht mehr explizit genannt, ist offensichtlich von größter
Bedeutung für den Sprecher. Er kann diesen Einfluss nicht aus-
schalten. Er kann seinen Charakter und seine Triebe nicht ver-
leugnen und er kann nicht ändern, dass er schwarz ist. Alles,
was er tun kann, ist, seinen Stolz zu bändigen und die Ruhe zu
bewahren. Was sonst passieren könnte, beschreibt er, indem er
das Bild der Flut wieder aufgreift und zusätzlich das Bild des
Feuers bemüht. Die Flut seiner Triebe würde ihn fortreißen,
das Feuer seines verletzten Stolzes ließe einen Wald brennen
wie trockenen Flachs und schmelzen wie simples Wachs. Die
toten Vorfahren würden auferstehen.

All day long and all night through,
One thing only must I do:
Quench my pride and cool my blood,
Lest I perish in the flood,
Lest a hidden ember set
Timber that I thought was wet
Burning like the dryest flax,
Melting like the merest wax,
Lest the grave restore its dead.

Die letzten drei Zeilen sind weniger ein Resümee, als vielmehr
ein zusätzlicher Kommentar zur Antwort. Wie ich meine, ein
sehr ironischer.

Not yet has my heart or head
In the least way realized
They and I are civilized.

Die meisten von denen, die *Heritage* zu interpretieren oder zu analysieren versuchten, sehen den Sprecher in einem Zwiespalt, den er nicht unterdrücken kann. Worin dieser Zwiespalt genau besteht, darüber gehen die Meinungen jedoch auseinander. Ronald Sheasby (1995), der auf Parallelen in der formalen Gestaltung von *Heritage* einerseits und William Blakes *Tyger* andererseits hinweist, sieht beide Autoren irrend zwischen rivalisierenden Göttern bzw. Gesichtern Gottes. Blake zwischen dem Gott, der den Tiger schuf und dem Gott, der dem Lamm zum Dasein verhalf, Cullen zwischen dem Christengott und den heidnischen Göttern Afrikas. Obwohl dies sicher durch den Text belegt ist, ist wohl im Fall von *Heritage* die Götterfrage nur ein Teilaspekt dessen, was den Sprecher umtreibt. Die ersten Strophen mit ihren diversen Hinweisen auf Naturgewalten und sexuelle Obsessionen sind davon nicht abgedeckt. Wenn schon götterbezogen, dann besteht ein Zwiespalt zwischen den Konventionen und Normen der christlichen Gesellschaft einerseits und dem vom Sprecher vermuteten sinnlichen Afrika mit seinen schwarzen Göttern andererseits.

Ähnlich sehen es auch Peter Powers (2000) und David Kirby (1971). Powers sieht den Sprecher im Konflikt zwischen sozialer Verantwortung und privatem Begehren. Kirby ordnet *Heritage* in direkter Nachbarschaft zu Eliots *The Waste Land* ein. Wie dort, gehe es auch in *Heritage* um das Dilemma eines modernen Individuums, das sich seines reichen emotionalen Erbes bewusst ist, aber in eine sterile, konformistische Kultur gestellt ist.

Ist dem noch etwas hinzuzufügen? Ich glaube schon. Zum Erbe aus seiner Herkunft zählt der Sprecher offenbar und nicht überraschend auch das Schwarzsein selbst, nicht nur die sonstigen Eigenschaften der Schwarzen. Der Wunsch nach einem schwarzen Christengott, der sein Leid nachempfinden könne und der nicht nach dem empfangenen Schlag die andere Wange hinhalte, legt diese Interpretation nahe. Das Schwarzsein und die damit verbundene Unterdrückung sind es auch, die den Sprecher zwingen, seinen Stolz zu zügeln und Ruhe zu bewahren, damit nicht das Feuer in ihm ausbricht.

Georgia Douglas Johnson –
die Heldin des Alltags (1877 – 1966)

Obwohl die Umstände nicht günstig waren, schaffte Georgia Johnson es, eine herausragende Dichterin der Harlem-Renaissance zu werden und einen regen Gedankenaustausch mit den anderen Dichtern der Bewegung zu pflegen. Sie schrieb vier Gedichtbände, achtundzwanzig Bühnenstücke und einunddreißig Kurzgeschichten. Wie Countee Cullen schrieb Johnson formgebundene, wohlklingende Poesie. Vor allem in ihrem ersten Gedichtband brachte sie die Sehnsucht der in dem Alltagstrott gefangenen Frau nach Selbstverwirklichung zum Ausdruck. Ein offenes Aufbegehren war aber nicht ihre Sache. Auch dort, wo sie die Unterdrückung der Schwarzen ansprach, tat sie dies eher dezent. Sie ähnelte darin eher Countee Cullen als dem direkten Langston Hughes oder dem zornigen Claude McKay.

Georgia Douglas Johnson wurde 1877 als Tochter von Laura Douglas und George Camp in Atlanta geboren. Sie ging dort zur Schule und zeigt früh ihr Interesse an Literatur und Dichtung. Wie sie selbst in ihrer Kurzbiographie in der Anthologie *Caroling Dusk* beschreibt, ließ ein Gedicht von William Stanley Braithwaite, das sie in einer Zeitung las, ihre lebenslange Liebe für die Poesie entflammen. Sie liebte aber auch die Musik und brachte sich während ihrer Schulzeit selbst das Geigenspielen bei.

Nach der Schulzeit unterrichtete sie einige Zeit an einer Schule in Marietta. 1902 ging sie an das Oberlin Conservatory of Music in Ohio, um dort Musik zu studieren, kehrte jedoch nach kurzer Zeit nach Atlanta zurück, als ihr dort die Stelle einer stellvertretenden Schulleiterin angeboten wurde. 1903 heiratete sie Henry Lincoln Johnson, einen Rechtsanwalt aus Atlanta und Mitglied der Republikanischen Partei. Das Paar hatte zwei Söhne. Wegen einer beruflichen Veränderung des Ehemanns übersiedelte die Familie 1910 nach Washington. Kindererziehung und häusliche Pflichten machten ihr das Gedichteschreiben schwer, zumal Henry Johnson ihren literarischen Ambitionen gegenüber alles andere als aufgeschlossen war. Trotzdem sandte sie Gedichte an verschiedene Zeitungen und Zeitschriften und hatte schließlich damit Erfolg. Mehrere davon wurden veröffentlicht, unter anderem in der von W.E.B. Du Bois herausgegebenen Zeitschrift *Crisis*. 1916 brachte sie ihren ersten Gedichtband *The Heart of a Woman* heraus. William Stanley Braithwaite schrieb dazu die Einführung. 1922 folgte der zweite Band, *Bronze*, für den W.E.B. Du Bois die einleitenden Worte verfasste.

1925 starb Henry Johnson und Georgia Johnson musste alleine für sich und die beiden halbwüchsigen Söhne sorgen. Sie hielt sich zunächst mit zeitweiligen Beschäftigungen über Wasser, erhielt dann aber eine feste Stelle beim Arbeitsministerium, eine Anerkennung für die Verdienste des verstorbenen Ehemanns. Bald nach Henrys Tod begann sie, allen wirtschaftlichen Schwierigkeiten zum Trotz, Freunde, Dichter und Schriftsteller regelmäßig in ihr Haus in Washington einzuladen. Es entwickelte sich daraus ein literarischer Salon, in dem die Vertreter der Harlem-Renaissance häufig zu Gast waren, wo Lesungen stattfanden und neben Literatur auch Persönliches und Politisches frei diskutiert werden konnte. Dieser Salon sollte über vierzig Jahre Bestand haben.

Der dritte Gedichtband von Georgia Douglas Johnson, *An Autumn Love Cycle*, erschien 1928, also noch in der vollen Blüte der Harlem-Renaissance. Danach herrschte für lange Zeit lyrische Stille, die Johnson jedoch mit dem Schreiben von Theaterstücken füllte. Erst 1962, also lange nach dem Ende der Harlem-Renaissance und vier Jahre vor ihrem Tod, erschien der vierte und letzte Band, *Share My World*.

Das Erlebnis der Selbstentfaltung: Your World

Wie die meisten Gedichte von Johnson ist *Your World* sich selbst genug und gewinnt auch nicht durch eine tiefgründige Analyse. Es fasziniert die Leserinnen und Leser durch das anschauliche, treffende Bild und den Klang, der vor ihren inneren Augen buchstäblich den Vogel in die Lüfte steigen lässt. Die letzte Zeile mit dem dreifach wiederholten „with" lässt eine fast euphorische Stimmung entstehen.

Your World

Your world is as big as you make it.
I know, for I used to abide
In the narrowest nest in a corner,
My wings pressing close to my side.

But I sighted the distant horizon
Where the skyline encircled the sea
And I throbbed with a burning desire
To travel this immensity.

I battered the cordons around me
And cradled my wings on the breeze,
Then soared to the uttermost reaches
With rapture, with power, with ease!

Das Gedicht ist so allgemein gehalten, dass es als Modell für fast jeden Fall der Selbstentfaltung taugt, gleichgültig, ob der einengende Vorzustand in der Umwelt oder der Person selbst begründet ist. Wir dürfen aber auch annehmen, dass die eigenen Erfahrungen der Autorin mit einengenden Verhältnissen darin zur Sprache kommen: als Schwarze in einer weißen Welt, als bevormundete Hausfrau in einem männerdominierten Haushalt, als weibliche Dichterin unter dominierenden männlichen Dichtern.

Eine schlechte Welt für Kinder: Black Woman

Gäbe es diese Überschrift nicht, dann könnte man aus dem Text nicht ableiten, dass es sich hier um ein anti-rassistisches Gedicht handelt. Obwohl die Sprecherin ihren Abscheu gegen die weiße Bedrohung mit sehr deutlichen Worten formuliert (cruelty, sin, monster men), fehlt eine ausdrückliche Benennung derer, die das Wohl des ungeborenen Kindes bedrohen.

[140]

Black Woman

Don't knock at the door, little child,
I cannot let you in,
You know not what a world this is
Of cruelty and sin.
Wait in the still eternity
Until I come to you,
The world is cruel, cruel, child,
I cannot let you in!

Don't knock at my heart, little one,
I cannot bear the pain
Of turning deaf-ear to your call
Time and time again!
You do not know the monster men
Inhabiting the earth,
Be still, be still, my precious child,
I must not give you birth!

Der Wirksamkeit der Beschreibung tut dies keinen Abbruch. Im Gegenteil: indem die Sprecherin die Leser zwingt, über die Identität der Bedroher nachzudenken, lenkt sie ihre Aufmerksamkeit auf diese und stößt auch ein Nachdenken über die Art der Bedrohung an.

Sie haben resigniert: Old Black Men

Johnson verwendet hier eine ähnliche Technik wie bei *Black Woman*. Nur durch den Titel erfahren wir, dass das Gedicht das Verhältnis zwischen Schwarzen und Weißen betrifft: die Resignation alter schwarzer Männer angesichts der Benachteiligung und der Verlust der Hoffnung, dass sich ihre Lebensumstände ändern könnten.

Old Black Men

They have dreamed as young men dream
Of glory, love and power;
They have hoped as youth will hope
Of life's sun-minted hour.

They have seen as other saw
Their bubbles burst in air,
And they have learned to live it down
As though they did not care.

Auch bei diesem Gedicht ergeben sich die interessanten Aspekte erst aus der Frage nach den Dingen, über die nichts ausdrücklich gesagt wird. Weshalb ist von schwarzen Männern die Rede und nicht von schwarzen Frauen? Sind Ruhm und Macht die Ziele, welche die Schwarzen weiterbringen? Reichen Träume und Hoffnungen aus, um die Benachteiligung zu beseitigen? Ist das Hinunterschlucken der Enttäuschungen eine angemessene Reaktion?

Langston Hughes – der Volksnahe (1902 – 1967)

Er war volksnah, obwohl er kein Mann aus dem Volk war. Von den Poeten dieses Bandes war er der einzige, der freie Verse schrieb. Reim und Metrum beherrschte er zwar, setzte sie aber nur sporadisch ein. Er wollte Gedichte schreiben, die vom Leben der einfachen Leute handelten und die von diesen auch gelesen werden konnten. Seine Inspiration bezog er nicht aus der klassischen Dichtung, sondern aus dem Alltagsleben der schwarzen Bevölkerung und ihrer Musik, also aus den Spirituals, dem Blues und dem Jazz.

Die Sache der Schwarzen nimmt in seinen Versen einen großen Raum ein. Anders als Cullen und Johnson, die sich häufig mit Bildern und Andeutungen begnügten, sprach er die Probleme in aller Deutlichkeit an. Wegen seiner Abstammung, unter den Vorfahren waren auch Europäer und Indianer, war er nicht schwarz, sondern eher hellhäutig. Ein Umstand, den er selbst sehr bedauerte.

In seiner fast fünfzig Jahre während Schaffenszeit verfasste Hughes neben einer Vielzahl von Gedichten auch Kurzgeschichten, Romane, Theaterstücke, Kinderbücher, Sachbücher und autobiographische Schriften. Von allen Dichtern der Harlem-Renaissance ist er heute der meistgelesene.

Langston Hughes wurde 1902 in Joplin, Missouri, als Sohn einer Lehrerin und eines Rechtsanwalts geboren. Da sich die Eltern scheiden ließen, als er noch sehr klein war, verbrachte er die meiste Zeit seiner Kindheit bei seiner Großmutter in Lawrence. Nach dem Tod der Großmutter, Langston war gerade dreizehn Jahre alt, zog er zu seiner Mutter nach Lincoln, Illinois. Ein Jahr später übersiedelten die beiden nach Cleveland, Ohio, wo Langston 1920 seinen High-School-Abschluss machte. Bereits während der Schulzeit schrieb er Gedichte. Nach dem Schulabschluss verbrachte er 15 Monate bei seinem Vater in Mexiko, wo dieser als angesehener Kaufmann lebte. In dieser Zeit entstand sein berühmtes Gedicht *The Negro Speaks of Rivers*, das erste, das er in einer Zeitschrift veröffentlichen konnte. Da Vater und Sohn einander nicht gut verstanden, schrieb Langston sich an der Columbia-Universität für ein

Studium der Ingenieurwissenschaften ein. Schon bald brach er das Studium wieder ab und verdiente sich seinen Lebensunterhalt mit diversen Hilfsbeschäftigungen. Er arbeitete kurze Zeit auf einer Gemüsefarm, fuhr als Mitglied der Besatzung auf einem Frachter nach Afrika und Europa, arbeitete als Tellerwäscher, dann als Pfannkuchenbäcker in Paris, reiste nach Italien und fuhr dann als Hilfsarbeiter auf einem Dampfer nach New York zurück. Dort hielt er sich mit Gelegenheitsarbeiten über Wasser und versuchte gleichzeitig, sich als Dichter zu etablieren. Seine Stunde schlug, als er während einer Tätigkeit als Hilfskellner dem Dichter Vachel Lindsay drei seiner Gedichte unter die Speisekarte schieben konnte. Dieser war von den Versen so angetan, dass er sie sogleich veröffentlichen ließ. Im literarischen Salon von Georgia Douglas Johnson lernte Hughes kurze Zeit darauf den Fotografen Carl Van Vechten kennen, der ihm einen Verleger für sein erstes Buch *The Weary Blues* vermittelte, das 1926 erschien.

Der zweite Gedichtband, *Fine Clothes to the Jew*, folgte bereits 1927. Vier weitere erschienen noch in der Zeit der Harlem-Renaissance, doch Hughes blieb weit über diese Zeit hinaus produktiv. Er schrieb weiterhin Gedichte, aber nicht mehr ausschließlich. Die Arbeit an Prosa und Theaterstücken war ihm ebenso wichtig. Auch reiste er viel. Anfang der 1930er Jahre erkundete er den amerikanischen Süden, 1932 bereiste er die Sowjetunion und erwärmte sich für den Kommunismus. Dies führte in der Zeit des Kalten Kriegs dazu, dass er ins Visier der Ermittlungen des Senators Joseph McCarthy geriet und vor einem Ermittlungskomitee aussagen musste. Er fand sich gezwungen, sich vom Kommunismus zu distanzieren, wollte aber gleichzeitig nicht von seinen humanistischen Idealen abweichen. Dies brachte ihm Vorwürfe von links und von rechts ein. Der Black-Power-Bewegung in den 1960er Jahren stand er wohlwollend gegenüber, jedoch waren ihm die Formulierungen einiger jüngerer Schriftsteller zu aggressiv und zu plump. Doch während ihn manche der jungen schwarzen Schriftsteller Amerikas als überholt betrachteten, wuchs die Anerkennung und Akzeptanz seiner Werke weltweit. Als Hughes 1967 im

Alter von 65 Jahren an den Folgen einer Prostataoperation starb, hatte er ein in Originalität und Vielfältigkeit bemerkenswertes Werk geschaffen.

Das frühe Glanzstück: The Negro Speaks of Rivers

Auch die besten Dichter bringen es in ihrem Leben nicht auf mehr als sechs bis sieben Gedichte, die wirklich perfekt sind. *The Negro Speaks of Rivers* ist ein solches Gedicht. Hughes schrieb es im Alter von siebzehn Jahren, als er sich bei seinem Vater in Mexiko aufhielt. Es war das erste Gedicht, das er in einer Zeitschrift veröffentlichen konnte.

Beim Lesen und vor allem beim Hören glaubt man Spiritualklänge wahrzunehmen. In der Tat interessierte sich Hughes sehr für die afro-amerikanische Musik und ließ sich davon inspirieren. Das wiederkehrende „I" und der tiefe Fluss als Bild für das Leben sind Elemente, die in Spirituals häufig vorkommen.

The Negro Speaks of Rivers

I've known rivers:
I've known rivers ancient as the world and older than the
flow of human blood in human veins.

My soul has grown deep like the rivers.

I bathed in the Euphrates when dawns were young.
I built my hut near the Congo and it lulled me to sleep.
I looked upon the Nile and raised the pyramids above it.
I heard the singing of the Mississippi when Abe Lincoln
        went down to New Orleans, and I've seen its muddy
        bosom turn all golden in the sunset.

I've known rivers:
Ancient, dusky rivers.

My soul has grown deep like the rivers.

Der „Neger" aus dem Titel ist offensichtlich nicht ein bestimmter Neger, sondern steht für die Gesamtheit aller Schwarzen. Die vier mit „I" beginnenden Sätze bilden den Kern des Gedichts. In jedem dieser Sätze wird eine Beziehung zwischen dem Sprecher und einem Fluss hergestellt. Jeder dieser Flüsse ist lang und tief, jeder hat eine besondere Bedeutung in der Geschichte der Menschheit. Die Aufzählung erfolgt in der Reihenfolge der historischen Bedeutung.

Die Beziehungen, die der Sprecher herstellt, sind mehrdeutig. Zum einen wird dem Leser deutlich gemacht, dass Schwarze auf frühe Kulturen zurückblicken können. Der Sprecher führt damit den Leser fort von dem damals herrschenden Bild eines beschränkten, in den Tag hinein lebenden Schwarzen. Zum anderen werden Bezüge zur Sklaverei hergestellt, ohne dass dieses Wort auch nur ein einziges Mal ausgesprochen wird. Wenn der Sprecher sagt „ich badete im Euphrat" und „ich baute meine Hütte am Kongo", dann redet er von selbstbestimmten Handlungen, welche die Schwarzen unbehindert von anderen in ihrem Lebensraum vollbringen konnten. Dies lässt den Hörer aufmerken, der natürlich von der Versklavung weiß. Vom Bau der Pyramiden dagegen wird vermutet, dass er von Sklaven ausgeführt wurde. Noch deutlicher wird der Bezug auf die Sklaverei, wenn der Sprecher vom Singen des Mississippi spricht und davon, dass dieser vorher schlammige Fluss sich im Sonnenaufgang golden färbte. Diese Verwandlung des Flusses wird mit der Fahrt von Abraham Lincoln verbunden, des Präsidenten, der die Sklaverei abschaffte.

Geschickt unterstützt Hughes die Aussage des Gedichts durch Form und Klang. Die beiden Sätze „I've known rivers …My soul has grown deep like the rivers" werden wiederholt und umrahmen die vier Kernsätze. Sie verkünden anfangs und konstatieren zum Schluss, was diese Sätze nahelegen: durch die lange Geschichte der Sklaverei sind die Schwarzen weise und skeptisch geworden. Die Kernsätze selbst mit ihren weichen Konsonanten und den dunklen Vokalen entfalten beim Lesen eine ruhige, einlullende Melodie, welche den Eindruck verstärkt, dass hier einer erzählt, der durch Erfahrung weise geworden ist.

Lyrisches Meisterwerk: Dream Variations

Hughes verwendete Reime, wenn überhaupt, dann nur sehr sparsam. Dass auch mit nur sporadischen Reimen ein Gedicht sehr lyrisch und wohlklingend geraten kann, beweist *Dream Variations* (Traumvarianten). Neben den Reimen und dem Metrum verwendet Hughes hier vor allem Bilder und Symbole als dichterische Mittel.

Der Traum, der hier beschrieben wird, ist das harmonische Miteinander von Schwarz und Weiß. Diese Harmonie wird ins Bild gesetzt als Tanzen und Umherwirbeln des schwarzen Sprechers am hellen, weißen Tag. Der große, schlanke Baum, der dem Sprecher als Hort der Ruhe und des Friedens erscheint, weckt beim Leser zusätzlich Assoziationen an die gewöhnlich großgewachsenen Schwarzen. Der Wunschtraum wird ohne jegliche Aggression vorgetragen und enthält nur beglückende und versöhnende Momente; die schwarze Nacht kommt sanft (gently bzw. tenderly) nach der Rast am mattweißen Abend.

Dream Variations

To fling my arms wide
In some place of the sun,
To whirl and to dance
Till the white day is done.
Then rest at cool evening
Beneath a tall tree
While night comes on gently,
Dark like me-
That is my dream!

To fling my arms wide
In the face of the sun,
Dance! Whirl! Whirl!

[147]

Till the quick day is done.
Rest at pale evening...
A tall, slim tree...
Night coming tenderly
Black like me.

Das Metrum, das Hughes hier gewählt hat, ist der dreisilbige Anapäst, bei dem auf jeweils zwei schwach betonte Silben eine stark betonte folgt. Dies gibt dem Gedicht eine vorwärtsdrängende, hier fast euphorische Stimmung. Jeweils in der ersten und der dritten Zeile fällt die erste Silbe des Anapäst weg, d.h. diese Zeilen beginnen mit einem Jambus. Damit gestaltet sich das Gedicht abwechslungsreicher und gewinnt an Dynamik.

Die zweite Strophe, eine Variation der ersten, benutzt nur leicht veränderte Wörter. Jedoch sind einige Sätze verkürzt durch Weglassen verbindender Wörter. Dies gibt der Strophe etwas Träumerisches. Die Gedanken schweben.

In der Sprache der einfachen Leute: Mother to Son

Einfache, aber anschauliche Bilder zeichnen dieses Gedicht aus. Das Leben ist wie eine Treppe, die man mühsam hinaufsteigen muss, um im Leben zu bestehen. Es ist keine Prachttreppe, jedenfalls nicht für die Mutter, die hier zu ihrem Sohn spricht. Es ist eine Treppe mit vielen Hindernissen.

Ist die Sprecherin eine schwarze Mutter? Hierzu wird im Gedicht nichts gesagt; nicht einmal die Überschrift gibt Auskunft darüber. Aus der Identität des Poeten dürfen wir es nicht folgern, denn das Gedicht muss für sich allein sprechen können. Etwas zynisch kann man argumentieren, dass, wenn es den amerikanischen Traum wirklich gab, es für eine weiße Mutter nicht so schwierig sein konnte, nach oben zu kommen, für eine schwarze aber durchaus. Denn der amerikanische Traum war zu Zeiten der gesetzlichen und faktischen Rassentrennung den Schwarzen weitgehend verschlossen. Also eine schwarze Mutter!

Bemerkenswert und für Hughes typisch ist die volksnahe Sprache, die in diesem Gedicht besonders ausgeprägt ist. Es ist gesprochene Sprache, nicht alle Formulierungen entsprechen der Schulgrammatik und auch der Tonfall passt zu der Vorstellung, dass hier eine schwarze Mutter ihrem Sohn „eine Predigt hält".

Mother to Son

Well, son, I'll tell you:
Life for me ain't been no crystal stair.
It's had tacks in it,
And splinters,
And boards torn up,
And places with no carpet on the floor—
Bare.
But all the time
I'se been a-climbin' on,
And reachin' landin's,
And turnin' corners,
And sometimes goin' in the dark
Where there ain't been no light.
So, boy, don't you turn back.
Don't you set down on the steps.
'Cause you finds it's kinder hard.
Don't you fall now—
For I'se still goin', honey,
I'se still climbin',
And life for me ain't been no crystal stair.

Claude McKay – der zornige Kosmopolit (1889 – 1948)

Obwohl er sich während der Harlem-Renaissance selten in Harlem aufhielt, gilt Claude McKay als einer der wichtigsten Vertreter der Bewegung. Dies liegt vor allem daran, dass er die Sache der Schwarzen mit Vehemenz vertrat. Deshalb, und weil er ein bemerkenswerter Poet und Schriftsteller war, genoss er bei seinen Dichterkollegen, insbesondere bei Langston Hughes und Countee Cullen, hohes Ansehen.

McKay schrieb nur formgebundene Poesie. Er hatte eine Vorliebe für die englische Sonettform, füllte diese aber auf eine sehr eigenwillige Art. Ihm fehlten die dichterische Eleganz eines Countee Cullen und das Gefühl für die Melodie eines Satzes, das Langston Hughes auszeichnete. Aber diese Nachteile machte er durch einen Reichtum an Bildern und durch seine emotionsgeladene Sprache wett. Manche seiner Gedichte gleichen einem Kochtopf, in dem die Wörter brodeln.

McKay schrieb nicht nur Gedichte, sondern auch Romane, Kurzgeschichten und zwei Autobiographien. Sein bekanntester und erfolgreichster Roman ist *Home to Harlem* (1928). Wegen der freizügigen Schilderungen aus dem Prostituierten- und dem Drogenmilieu brachte ihm dieses Buch aber viel Kritik seitens der Führer der Bewegung ein.

Claude McKay wurde 1889 als jüngstes von elf Kindern einer Farmerfamilie in Sunny Ville, Jamaika, geboren. Er wurde von einem älteren Bruder unterrichtet, einem freidenkenden Lehrer, der eine umfangreiche Bibliothek von weltanschaulichen und literarischen Werken besaß, die Claude ausgiebig benutzte. Versuche, in Jamaika einen passenden Beruf zu erlernen, scheiterten. Er schrieb Gedichte im örtlichen Dialekt und veröffentlichte 1911 mit Unterstützung eines englischen Förderers seinen ersten Gedichtband *Songs of Jamaica*.

Ein Jahr später reiste er in die USA, um in Alabama ein Studium der Agrarwissenschaften zu beginnen. Dort wurde er zum ersten Mal mit der harten Realität des amerikanischen Rassismus konfrontiert. Er wechselte auf ein College in Kansas, wo er zwei Jahre lang studierte und nebenbei Gedichte schrieb. Eine finanzielle Zuwendung seines englischen Förderers erlaubte ihm, nach New York zu ziehen, dort ein Restaurant zu eröffnen und seine jamaikanische Jugendliebe zu heiraten. Beide Vorhaben scheiterten nach kurzer Zeit.

McKay hielt sich mit Gelegenheitsjobs über Wasser, konnte aber einige Gedichte veröffentlichen und damit die Aufmerksamkeit von Max Eastman auf sich ziehen, dem Herausgeber der sozialistischen Zeitung *The Liberator*. Nach einem längeren Englandaufenthalt, wo McKay für eine sozialistische Zeitung arbeitete und den Gedichtband *Spring in New Hampshire* veröffentlichte, kehrte er nach New York zurück und arbeitete kurze Zeit als Mitherausgeber des *Liberator*. Sein wichtigster Gedichtband, *Harlem Shadows*, erschien nur ein Jahr nach dem ersten. Doch bald packte ihn wieder die Reiselust. Er verbrachte einige Jahre in England und Russland, weil er sich von der Idee des Kommunismus angezogen fühlte. Enttäuscht von der kommunistischen Wirklichkeit reiste er weiter nach Berlin, zog dann weiter nach Paris und später in den Süden Frankreichs, wo er einige Jahre lebte, und dann schließlich nach Marokka. 1934 zwang ihn seine angespannte finanzielle Situation, in die USA zurückzukehren.

McKay kehrte niemals in seine Heimat Jamaika zurück. 1940 nahm er schließlich die amerikanische Staatsbürgerschaft an. Gravierende Gesundheitsprobleme setzten ihm zunehmend zu. Er, der der dem Christentum lange Zeit kritisch gegenüberstand und es als ein Instrument der Unterdrückung durch die Weißen betrachtet hatte, näherte sich in seinen letzten Lebensjahren der Kirche und nahm schließlich sogar den christlichen Glauben an. 1948 starb er in Chicago an Herzversagen.

Auch der Heide huldigt ihr: The Easter Flower

Auf die erste Seite eines Gedichtbands setzt der Autor gewöhnlich ein Gedicht, das er für besonders gelungen hält. Das folgende Gedicht, *The Easter Flower*, ist das erste in Claude McKays Buch *Harlem Shadows*, seinem lyrischen Hauptwerk.

Es ist ein Gedicht, das sich nicht beim ersten flüchtigen Lesen erschließt. Eine zentrale Rolle spielt darin eine Blume, die Osterlilie, welche von den Christen als Symbol der Auferstehung Christi verehrt wird. Auch der Sprecher des Gedichts huldigt dieser Blume, allerdings aus einem anderen Grund, den er nicht explizit erwähnt.

The Easter Flower

Far from this foreign Easter damp and chilly
My soul steals to a pear-shaped plot of ground,
Where gleamed the lilac-tinted Easter lily
Soft-scented in the air for yards around;

Alone, without a hint of guardian leaf!
Just like a fragile bell of silver rime,
It burst the tomb for freedom sweet and brief
In the young pregnant year at Eastertime;

And many thought it was a sacred sign,
And some called it the resurrection flower;
And I, a pagan, worshiped at its shrine,
Yielding my heart unto its perfumed power.

In der ersten Strophe erzählt der Sprecher, dass es ihn an den Ort ziehe, wo die lila schimmernde und weithin duftende Osterblume gedeiht. Er nennt diesen Ort nicht beim Namen, sondern beschreibt ihn nur anhand der Form und klärt uns indirekt darüber auf, dass es dort nicht feucht und kalt ist.

In der zweiten Strophe ergänzt der Sprecher seine Schilderung der Lilienblüte. In dem bewussten Land könne die fragile Blume ohne schützendes Blattwerk existieren. Zur Osterzeit breche sie durch die Erde und erlebe ein kurzes, süßes Leben. Letzteres kleidet er in die Metapher vom Aufbrechen des Grabs. Dies ist, wie wir gleich sehen werden, eine Überleitung zur dritten und letzten Strophe.

In der letzten Strophe geht der Sprecher dann auf die Bedeutung ein, welche die Blume für die Christen hat. Sie sei für sie Symbol der Heiligkeit und der Auferstehung Christi. Aus der zweiten Strophe wissen wir noch, weshalb dies so ist: die

Blume bricht um die Osterzeit aus ihrem „Grab". In den letzten beiden Zeilen der dritten Strophe bekennt der Sprecher dann, dass auch er der Blume huldigt. Weshalb tut er das, wo er doch selbst erklärt, ein Heide zu sein?

Wir können annehmen, dass die Gründe für diese Huldigung in denselben Lebensumständen der Pflanze liegen, die auch der Verehrung durch die Christen zugrunde liegt. Während aber das Aufbrechen der Erde und das freie, süße und unbedrohte Leben der Blume für die Christen eine Metapher für die Auferstehung Christi ist, ist es für den Sprecher, den Heiden, eine Metapher für ein freies und unbedrohtes Leben seiner schwarzen Schwestern und Brüder. Ein Leben, das aber offensichtlich nicht dort möglich ist, wo die Umgebung „feucht und kalt" ist.

Außer Form: America

Dies ist eines der bekanntesten Gedichte McKays. Es ist im Ich-Stil gehalten, und obwohl nicht explizit erwähnt wird, dass es sich bei dem Sprecher um eine schwarze Person handelt, legen das Thema und die emotionsgeladene Sprache diese Vermutung nahe. Von Amerika, gemeint sind die USA, spricht das lyrische Ich, als ob es sich um eine Frau handelte. Bereits ein erstes flüchtiges Lesen zeigt uns, dass die Einstellung des Sprechers gegenüber dieser Frau ambivalent ist. Sie hat so gar nichts Mütterliches an sich. Sie füttert den Sprecher mit bitterem Brot und nimmt ihm die Luft zum Atmen, indem sie ihre Tigerzähne in seinem Hals versenkt. Und doch gesteht er, dass er so etwas wie Liebe für sie empfindet, dass ihre Vitalität ihn mit Kraft erfüllt. Mit einer Kraft, die ihm erst ermöglicht, ihren Hass zu ertragen.

America

Although she feeds me bread of bitterness,
And sinks into my throat her tiger's tooth,
Stealing my breath of life, I will confess

[153]

I love this cultured hell that tests my youth!
Her vigor flows like tides into my blood,
Giving me strength erect against her hate.
Her bigness sweeps my being like a flood.
Yet as a rebel fronts a king in state,
I stand within her walls with not a shred
Of terror, malice, not a word of jeer.
Darkly I gaze into the days ahead,
And see her might and granite wonders there,
Beneath the touch of Time's unerring hand,
Like priceless treasures sinking in the sand.

Formell gleicht *America* einem Sonett im Stil von Shake-speare. Ein solches Sonett hat insgesamt vierzehn Zeilen, die sich auf drei vierzeilige Strophen und eine zweizeilige Schluss-strophe verteilen. Das Reimschema ist abab cdcd efef gg. Of-fensichtlich hat auch *America* vierzehn Zeilen, besitzt aber keine explizite Strophenteilung, sondern erscheint als ein ein-ziger Textblock mit dem Reimschema ababcdcdefefgg. Dass keine Strophenbildung vorhanden ist, bedeutet aber nicht un-bedingt einen Bruch mit der englischen Sonetttradition. Auch Shakespeares Sonette werden meist in einem Block dargebo-ten, obwohl inhaltlich die Unterteilung in die traditionellen Strophen gegeben ist. Ist dies bei *America* auch der Fall?

Betrachtet man die Satzkonstruktionen, so kommen Zwei-fel auf. Wir zählen vier mit Punkt abgeschlossene Sätze, die 4, 3, 3 und 4 Zeilen lang sind. Also keine englische Sonettstruk-tur, sondern eine symmetrisch anmutende Anordnung der Sätze in zwei Teilen. Der erste Teil besteht aus dem ersten und dem zweiten Satz mit 4 + 3 = 7 Zeilen, die Sätze drei und vier mit 3 + 4 = 7 Zeilen bilden den zweiten Teil. Die Reime greifen teilweise über die Sätze hinweg. Setzen wir in das Reimschema Leerzeichen für die Punkte der Sätze, also die inhaltlichen Ein-heiten, so erhalten wir abab cdc def efgg. Die Reime sind dem-nach nicht auf die inhaltlichen Einheiten abgestimmt. Dies er-klärt, weshalb sich das Gefühl der klanglichen Harmonie, das

[154]

sich beim Lesen eines Shakespeare-Sonetts normalerweise ein-
stellt, sich bei der Lektüre von *America* nicht in gleichem Maße
ergibt.

Verlassen wir nun die formbezogene Betrachtung und kon-
zentrieren wir uns auf den Inhalt, so sehen wir, dass die zwei-
teilige Anordnung den Gang der Argumentation wiedergibt. Im
ersten Teil (Zeilen 1 bis 7) erscheint der Sprecher als Erleiden-
der, als einer, der sein Schicksal tragen, aber nicht ändern kann.
Im achten Satz wird eine Wendung vollzogen. Eingeleitet wird
er mit dem Wort „Yet", also einem deutschen „jedoch". Wir
erfahren nun, dass der Sprecher der grausamen Frau nicht so
hilflos gegenübersteht, wie man nach dem ersten Teil hätte an-
nehmen können. Er bietet ihr vielmehr die Stirn, so wie ein Re-
bell einem König die Stirn böte. Weiterhin erfahren wir, dass
der Sprecher auch eine Vision davon hat, was aus der Macht
und der Pracht der Herrscherin werden wird: sie werden unter
der unfehlbaren Hand der Zeit im Sand versinken. Worauf sich
diese Vision stützt, erfahren wir nicht. Möglich wäre, dass der
Sprecher selbst eine Revolte gegen die Herrscherin plant oder
von solchen Plänen weiß. Es könnte aber auch sein, dass er nur
darauf vertraut, dass sich eine derart ungerechte Herrschaft
nicht auf Dauer wird halten können.

Das Streitobjekt: The White House

Als Alain Locke die Veröffentlichung des *New Negro* vorbe-
reitete, wählte er auch drei Gedichte von Claude McKay aus,
darunter *The White House*, das vorher bereits in der Zeitschrift
Liberator unter diesem Namen erschienen war. Locke änderte
den Titel jedoch gegen den erklärten Willen von McKay in
White Houses, weil er der Meinung war, die Anspielung auf
den Sitz des Präsidenten würde McKay Probleme bereiten und
ihm, der sich gerade im Ausland befand, die Rückkehr in die
USA verbauen.

Trotz eines wütenden Briefes von McKay, der das Gedicht lieber gar nicht in dem Band gesehen hätte als unter dem veränderten Namen, blieb Locke bei seiner Entscheidung. In seiner Autobiographie *A Long Way From Home* geht McKay noch einmal auf die Angelegenheit ein und stellt auch klar, weshalb ihm der ursprüngliche Titel so wichtig war. Der Titel stand, so McKay, für das gesamte Gebäude der amerikanischen Industrie, von dem die Schwarzen als Gruppe ausgeschlossen waren. Er stand nicht für ein bestimmtes Wohnhaus. Lesen wir das Gedicht aufmerksam, so stellen wir fest, dass die Beschreibung dieses Gebäudes tatsächlich eher auf Industriebauten passt als auf das Weiße Haus des Präsidenten.

The White House

Your door is shut against my tightened face,
And I am sharp as steel with discontent;
But I possess the courage and the grace
To bear my anger proudly and unbent.
The pavement slabs burn loose beneath my feet,
And passion rends my vitals as I pass,
A chafing savage, down the decent street;
Where boldly shines your shuttered door of glass.
Oh, I must search for wisdom every hour,
Deep in my wrathful bosom sore and raw,
And find in it the superhuman power
To hold me to the letter of your law!
Oh, I must keep my heart inviolate
Against the potent poison of your hate.

Wir sehen aber auch, dass die Befürchtungen Lockes nicht unbegründet waren. Der Ton, der das Gedicht durchzieht, ist militant. Man beachte nur die Bemerkung, dass dem Sprecher die Pflastersteine unter den Füßen brennten. Hier spürt man förmlich, dass er sie am liebsten herausreißen und als Wurfgeschosse verwenden möchte. Zwar beteuert der Sprecher, dass er Ruhe behalten und die Gesetze der Weißen einhalten wolle, aber diese Bemerkung liest sich nicht wie ein Einlenken. In diesem Gedicht zeigt McKay die Zähne.

[156]

Der Schluss ist überaus geschickt formuliert. Anders als in manchen anderen Gedichten McKays ist nicht vom Hass des Sprechers die Rede, sondern vom Hass der Weißen auf die Schwarzen. Damit spricht der Autor deutlich aus, wo die Ursachen des Konfliktes liegen und dass die Schwarzen nicht seine Urheber sind.

Ausgewählte Literatur

Anthologien

Adoff, Arnold, ed.: *The Poetry of Black America. Anthology of the 20th Century*. New York: Harper Collins Publishers, 1973

Cullen, Countee, ed.: *Caroling Dusk. An Anthology of Verse by Black Poets*. New York: Harper & Brothers, 1927

Cullen, Countee: *On These I Stand: An Anthology of the Best Poems of Countee Cullen*. Harper Collins Publishers, 1937

Hesse, Eva und Paridam von Knesebeck (Hrsg.): *Meine dunklen Hände. Moderne Negerlyrik in Original und Nachdichtung*. München: Nymphenburger Verlagshandlung, 1953

Hollo, Anselm, ed.: *Negro Verse*. London: Vista Books, The Pocket Poets, 1964

Hughes, Langston, Rampersad, Arnold, Roessel, David: *The Collected Poems of Langston Hughes*. New York: Knopf, 1994

Johnson, Georgia Douglas, Tate, Claudia: *The Selected Works of Georgia Douglas Johnson*. New York: MacMillan, 1997

Johnson, James Weldon, ed.: *The Book of American Negro Poetry*. New York: Harcourt, Brace and Company, 1922. Reprint, New York: Harcourt, 1969

Lewis, David L.,ed.: *The Portable Harlem Renaissance Reader*. New York: Penguin Classics, 1995

Locke, Alain: *The New Negro. An Interpretation*. New York: Albert and Charles Boni, 1925

McKay, Claude: *Complete Poems*. Edited and with an Introduction by William J. Maxwell. Urbana and Chicago: University of Illinois Press, 2004

Meuter, Hanna und Paul Therstappen (Hrsg.): *Amerika singe auch ich. Dichtungen amerikanischer Neger*. Dresden: Verlag Wolfgang Jess, 1932

Sonstige

Blackmon, Douglas A. : *Slavery by Another Name. The Re-Enslavement of Black Americans from the Civil War to World War II*. New York: Anchor Books, 2008

Huggins, Nathan Irvin: *Harlem Renaissance*. Updated Edition. New York : Oxford University Press, 2007

Kirby, David K.: *Countee Cullen's "Heritage": A Black "Waste Land"*. South Atlantic Bulletin, Vol. 36, No 4, Nov 1971

Powers, Peter: *The Singing Man Who Must be Reckoned With: Private Desire and Public Responsibility in the Poetry of Countee Cullen*. African American Review 34.4, Winter 2000

Sheasby, Ronald E.: *Dual Reality: Echoes of Blake's Tiger in Cullen's Heritage*. College Language Associates Journal 39.2, Dec 1995

Wall, Cheryl A.: *The Harlem Renaissance. A Very Short Introduction*. New York: Oxford University Press, 2016

Verzeichnis der Gedichte

[164]

Langston Hughes

Claude McKay

Zeitfracht Medien GmbH
Ferdinand-Jühlke-Straße 7
99095 Erfurt, Deutschland
produktsicherheit@kolibri360.de